粤知丛书

案说知识产权

知识产权纠纷调解20问

广东省知识产权保护中心
广东知识产权纠纷人民调解委员会 组织编写

知识产权出版社
全国百佳图书出版单位
—北京—

图书在版编目（CIP）数据

案说知识产权：知识产权纠纷调解20问/广东省知识产权保护中心，广东知识产权纠纷人民调解委员会组织编写.—北京：知识产权出版社，2024.1

ISBN 978-7-5130-9028-5

Ⅰ.①案… Ⅱ.①广… ②广… Ⅲ.①知识产权—民事纠纷—调解（诉讼法）—中国—问题解答 Ⅳ.①D923.4-44

中国国家版本馆CIP数据核字（2023）第237040号

内容提要

这是一本可以走入寻常百姓家的知识产权法律法规普及读物，它从一线知识产权维权援助工作者和调解员的视角出发，针对近年来广东省的20宗知识产权侵权纠纷调解案件，采用一问一答一案例的形式，在问答之间释法明理。每一个真实案例说明一个知识产权知识点，使读者知其然也知其所以然。本书深入浅出、通俗易懂，将法律性、知识性、指导性紧密结合，力求呈现鲜活的案例，还原真实的现场，相信会给读者带来完全不同的阅读感受。

责任编辑：张利萍　　**责任校对**：潘凤越
封面设计：杨杨工作室·张　冀　　**责任印制**：刘译文

案说知识产权
——知识产权纠纷调解20问
广东省知识产权保护中心
广东知识产权纠纷人民调解委员会　组织编写

出版发行：	知识产权出版社有限责任公司	**网　　址**：	http://www.ipph.cn
社　　址：	北京市海淀区气象路50号院	**邮　　编**：	100081
责编电话：	010-82000860转8387	**责编邮箱**：	65109211@qq.com
发行电话：	010-82000860转8101/8102	**发行传真**：	010-82000893/82005070/82000270
印　　刷：	天津嘉恒印务有限公司	**经　　销**：	新华书店、各大网上书店及相关专业书店
开　　本：	880mm×1230mm　1/32	**印　　张**：	4.5
版　　次：	2024年1月第1版	**印　　次**：	2024年1月第1次印刷
字　　数：	80千字	**定　　价**：	25.00元

ISBN 978-7-5130-9028-5

编委会

前　言

近年来，随着创新驱动发展战略的深入实施，科技创新已经成为经济发展的核心动力，全国范围内创新主体集聚、创新成果涌现、创新活力迸发，知识产权事业获得蓬勃发展。与此同时，知识产权领域的纠纷日益增多，知识产权民事案件数量也逐年增长。知识产权纠纷具有利益多元化、诉求多样化、技术难度高、诉讼成本高、维权周期长等特点，因此，作为知识产权大省的广东，如何多元化、多渠道、快速、高效地处理好大量的知识产权纠纷，实现各方合作共赢以及社会、经济效益最大化，是其做好知识产权保护必须破解的重要命题。

调解具有非对抗性、自愿性、保密性、灵活性、经济性等特点，不但能最大限度地提高解决知识产权纠纷的效率，同时还可兼顾情理和法理，实现多元利益的共赢，保护知识产权和实现社会和谐。可以说，调解作为完善纠纷多元化解机制的重要内容，在实现和谐社会、构建知识产权大保护格局中发挥着越来越重要的作用。

正是在这种大背景下，广东知识产权纠纷人民调解委员会（以下简称广东调委会）应运而生。自成立以来，广东调委会不断加强知识产权纠纷调解工作力度，积极发挥人民调解在矛盾纠纷多元化解机制中的重要作用，并先后与广州知识产权法院、广州互联网法院、黄埔区人民法院、黄埔区市场监督管理局等建立诉调对接合作机制，合力优化知识产权诉讼案件、行政执法案件、司法确认案件的办理流程，还成功举办了全国首个以知识产权纠纷调解为主题的“知识产权纠纷调解大赛”。据统计，广东调委会已累计接受委托调解案件3435宗，其中调解成功1789宗，成功率达52%，标的额近1.5亿元，且调解案件量保持稳定增长。广东调委会的工作使大量可能诉诸法院的矛盾纠纷得到了及时有效分流和化解，极大缓解了法院的办案压力，有效减轻了当事人的负担，取得了良好的社会效果，也获得了各级政府和法院系统的充分肯定。广东调委会先后于2018年入选国家知识产权局首批能力建设知识产权仲裁调解机构，2020年被司法部授予“全国模范人民调解委员会”称号，2023年获广州知识产权法院“2022年度优秀特邀调解组织”表彰。

2023年年初，广东调委会开始牵头对省内近年来调解工作实践中的知识产权纠纷典型调解案件进行归纳总结、收集整理，最终由省内部分调委会的10多位知识产权骨干调解员合力完成了《案说知识产权——知识产权纠纷调解20问》。在成书过程中，广东省市场监督管理局（知识产权局）给予了我们很多指导和帮助，各级法院以及地市知识产权行政管理部门为调解工作提供了丰富的案件来源和法律支持，社会各界对我们工作的关注、理解和支持也对我们完成本书起到了促进作用。

本书挑选了20个调解典型案件，对其中涉及的法律适用、调解过程及典型意义进行了分析与梳理，每个案例均采用问答形式，通过具体法律法规的引入和讲解以及实际案件的呈现，分析案件的基本情况、调解的过程和结果，总结调解的经验与做法并阐述案件的典型意义。选取的案例涉及多种类型的知识产权纠纷，体现了调解过程中用到的多种调解方式，且每一个案例都能独立说明一个知识产权知识点，使读者知其然也知其所以然。

窥一斑而知全豹，希望能通过本书发挥优秀案例的示范引领作用，促进知识产权纠纷调解工作的深入开展；同时，希望广大读者通过本书了解知识产权纠纷调解背后的故事，知晓知识产权纠纷多元化解的途径和方法，树立尊重知识、崇尚创新、诚信守法、公平竞争的知识产权意识。

让我们以促进少讼和无讼为出发点，在全面建设社会主义现代化国家新征程上，发挥知识产权纠纷人民调解委员会专业性、行业性的作用，推动构建知识产权协同保护大格局，谱写社会治理的新篇章。

路漫漫，但我们始终在前行！

目 录

总 论

一、知识产权纠纷调解基础知识

知识产权纠纷是指知识产权人因行使知识产权或不特定第三人侵犯自己的知识产权与不特定第三人产生的争议。❶调解，指在第三方的主持下，通过说服、疏导、教育等方法，促使纠纷当事人之间达成基于自主意志的协议，以消除争议的一种法律制度和纠纷解决方式。❷ 知识产权纠纷具有当事人利益多元、诉求多样、市场影响大、保密性要求高等特点，相对于一般民事纠纷而言，知识产权纠纷专业性更强、新问题更多、法律关系也较为复杂。知识产权纠纷调解遵循以下几个原则：自愿原则，即在调解各个环节，如程序启动、调解协议达成、协议具体方案等都要尊重当事人意愿，最终决

---

❶ 袁光亮．商务法律实务［M］．北京：中国建材工业出版社，2003.

❷ 国家知识产权局．《知识产权纠纷调解工作手册》正式发布［EB/OL］．(2022-07-25)［2023-12-05］．https://www.cnipa.gov.cn/art/2022/7/25/art_2431_176796.html.

定权在当事人；平等原则，调节过程中当事人平等协商，调解员平等对待当事人；诚信原则，调解员、当事人以及其他参与调解的人必须诚实、善意地参与调解；中立原则，调解员应当遵循中立原则，确保调解程序公正、公平；保密原则，体现在调解程序保密、调解信息保密，保密性被认为是调解程序的精髓和根基。调解组织可依法受理知识产权合同纠纷、知识产权权属纠纷、知识产权侵权纠纷、与知识产权有关的竞争纠纷等纠纷调解。

按照调解的主体（调解组织）划分，知识产权纠纷调解包括以下几类：一是人民调解，调解的主体是人民调解委员会；二是司法调解，调解的主体是人民法院；三是行政调解，调解的主体是基层人民政府、主管行政机关和法律、法规授权的组织；四是仲裁调解，调解的主体是仲裁庭；五是行业调解，调解的主体是行业组织内部设立的调解组织；六是商事调解，调解的主体是商事调解组织；七是律师调解，调解的主体是依法成立的律师调解工作室或者律师调解中心。知识产权纠纷调解员一般由知识产权纠纷调解组织聘任或委派，但人民法院可以特邀。

在个案的调解中，调解员可以根据案件的具体情况，灵活运用各种调解方法。通常在调解过程中可能用到明法析理法、类案分析法、利弊分析法、多方协助法和重点突破法等技巧。这些调解技巧在我们的典型案例中均有体现。进入调解流程后，调解员一般会首先向双方当事人释明纠纷所涉侵权责任认定的基本原则与法律依据、侵权行为和侵权责任的严重性与法院认证的基本规则、知识产权损害赔偿制度的具体含义与赔偿数额的确定方法等，并使双方了解，调解结案相对于判决结案来说，在降低声誉损失、减少后续诉讼程序引发的诉讼成本等方面具有优势，以此来增进其调解意愿。

知识产权纠纷案件中经常存在权利人就同类型的案件针对多个不同的当事人进行诉讼的情况，这种情况下，运用“类案分析”的方法能够促进调解工作更好地开展。调解员通过对在先类案的法院判决结果进行分析，以真实生动的实例让当事人对未来的诉讼结果有更直观的认识和判断，从而更倾向于选择调解方式解决纠纷，达到高效、快速实现化解纠纷的效果。知识产权纠纷案件经常会出现批量化、类型化特点明显的侵权行为，权利人通常会对侵权行为进行全面取证，但仅选择先起诉其中一部分，后续还可能对其他部分提起诉讼，导致此类案件出现陆续起诉、后续案件多的趋势。调解员也可以通过“类案分析”为当事人提供案情走向的有效预测预判，推动当事人权衡利弊，促使当事人形成合理的诉讼预期，就未决诉讼尽快达成调解协议。

调解员也会引导当事人综合考虑多方因素，如解决纠纷的经济成本和时间成本、商誉或个人信誉的影响、商业秘密、败诉后的风险、胜诉后“执行不能”的风险、案件的社会影响和案件对社会公共利益的影响等，尽可能引导当事人通过冷静、理性的判断找出最佳的解决方案。

此外，知识产权纠纷尤其是专利纠纷，普遍涉及技术和法律的融合，需要专家来做出判断，因此，在调解工作中，针对技术问题，会由行业专家和法律专家提供判定咨询意见，辅助调解工作顺利进行。

调解过程中还需要针对当事人的实质诉求、利益冲突特点，以及技术和商业上的合作可能性等因素，找准利益平衡点，进而找到调解工作的切入口，引导当事人“化敌为友”，在着眼长远、求同存异的基础上达成合作。

二、知识产权纠纷调解的政策和法律依据

近年来，为构建知识产权纠纷的多元解决机制，我国出台了针对知识产权纠纷化解的大量法律法规和相关政策，为调解解决知识产权纠纷提供了较为充分的法律和政策依据。

2019 年 11 月，中共中央办公厅、国务院办公厅印发《关于强化知识产权保护的意见》，该意见指出要“健全行政确权、公证存证、仲裁、调解、行政执法、司法保护之间的衔接机制，加强信息沟通和共享，形成各渠道有机衔接、优势互补的运行机制，切实提高维权效率”，“推动简易案件和纠纷快速处理”。2020 年 11 月，习近平总书记在主持中共中

央政治局第二十五次集体学习时，再次强调要综合运用多种手段来强化知识产权的全链条保护，其中包括从调解的环节来完善知识产权保护体系。2020 年 12 月，最高人民法院办公厅和国家知识产权局办公室联合发布了《关于建立知识产权纠纷在线诉调对接机制的通知》，强调要充分发挥调解在化解知识产权领域矛盾纠纷中的重要作用，发挥各级知识产权管理部门在解决知识产权纠纷中的指导协调作用，以及人民法院在多元化纠纷解决机制改革中的引领、推动、保障作用，切实将非诉讼纠纷解决机制挺在前面，建立起有机衔接、协调联动、高效便捷的知识产权纠纷在线诉调对接工作机制。2021 年 4 月，最高人民法院印发了《人民法院知识产权司法保护规划（2021—2025 年）》，强调在深化知识产权审判领域改革创新的同时，优化知识产权保护工作机制，其中包括健全多元化纠纷解决机制，加强与知识产权行政职能部门、仲裁机构、行业协会、调解组织等协调配合，因地制宜创新知识产权解纷方式，满足人民群众多元高效便捷的纠纷解决需求。2021 年 9 月，中共中央、国务院印发了《知识产权强国建设纲要（2021—2035 年）》，回应了我国知识产权纠纷解决多元化的需求，明确提出要“建立完善知识产权仲裁、调解、公证、鉴定和维权援助体系，加强相关制度建设”，精准把握了当前我国知识产权纠纷解决领域面临的新形势和新问题，顺应了新时代纠纷解决的新趋势，很好地回应了广大市场主体对于多元化解纠纷的需求。此外，知识产权纠纷多元化解相关制度的建设也将会极大促进我国知识产权文化建设和知识产权诚信体系建设。[1] 2021 年 9 月，最高人民法院发布《关于深化人民法院一站式多元解纷机制建设推动矛盾纠纷源头化解的实施意见》，其中提出应通过诉源治理在源头化解知识产权领域矛盾纠纷，推动完善预防性法律法规，加强示范性裁判指引。建立健全知识产权纠纷诉非联动机制，进一步扩大专业性行业性调解队伍，提高在线多元化解质效。2021 年 10 月，国家知识产权局和司法部发布的《关于加强知识产权纠纷调解工作的意见》强调完善知识产权纠纷多元化解机制，充分发挥调解在化解知识产权领域矛盾纠纷中的重要作用，优化营商环境，激发全社会创新活力，推动构建新发展格局。在统筹推进知识产权纠纷调解工作和知识产权纠纷调解工作体系建设方面，从组织、制度建设、队伍建设等多方面、多角度对推进知识产权纠纷调解工作提出了要求。2022 年 7 月，国家知识产权局知识产权保护司发布了《知识产权纠纷调解工作手册》，从调解理论、调解实务、文书档案等方面提供详细的操作指南和典型案例，供相关政府部门和调解组织在工作中借鉴和参考。2023 年 5 月，国家知识产

[1] 国家知识产权局. 强国建设纲要大家谈之十：推动纠纷商事调解　助力知识产权强国建设［EB/OL］.（2022-05-11）［2023-12-02］. https://www.cnipa.gov.cn/art/2022/5/11/art_2745_175532.html.

权局办公室、最高人民法院办公厅印发《关于发布2021—2022年知识产权纠纷多元调解典型经验做法和案例的通知》，要求各级知识产权管理部门和人民法院加强对典型经验做法和案例的宣传推广，发挥典型经验做法和案例的引领示范带动作用，把知识产权纠纷多元调解工作引向深入，为加快推进知识产权强国建设提供有力支撑。

在国际合作方面，2019年8月，包括中国在内的46个国家和地区签署了《联合国关于调解所产生的国际和解协议公约》（*United Nations Convention on International Settlement Agreements Resulting from Mediation*），即《新加坡调解公约》。该公约为国际商事调解达成的和解协议的直接申请执行提供强有力的保障。该公约使得跨境知识产权商事纠纷的当事人通过第三方调解而达成的和解协议能够在缔约国申请强制执行。对于我国当事人来说，该公约拓宽了我国当事人纠纷解决渠道，很大程度上降低了当事人解决国际商事争议的成本，也使得我国当事人申请境外成员国的法院直接执行成为可能，有效地保障了我国当事人维护自身的合法权益。[1]

以上法律、政策文件的实施，为我国知识产权纠纷调解的发展创造了十分有利的环境，在推动建立调解与诉讼、仲

---

[1] 赵平. 论多元化纠纷解决机制下的《新加坡调解公约》[J]. 经贸法律评论，2019（6）：49-60.

裁有效衔接的多元化纠纷解决机制，充分发挥调解处理知识产权纠纷的优势，减轻法院诉累，提升纠纷解决效率，促进维护社会和谐稳定等方面起到了关键性作用。

三、知识产权纠纷调解的优势和意义

调解能够最大限度地提高解决知识产权纠纷的效率，降低当事人的纠纷处理成本，又能在保护知识产权、促进技术创新与鼓励知识、技术传播、利用之间寻求合理平衡，提升知识产权保护水平和社会治理能力，最终能够实现知识财产的社会利益最大化。具体而言，知识产权纠纷调解的优势体现在以下几个方面。一是能够大大缩短纠纷解决周期。知识产权属于无形资产，相对于有形资产，其权利保护不但具有时效性，且存在专利权可能被宣告无效、注册商标专用权可能被撤销或宣告无效等情况导致的权利易逝的特点。此外，知识产权的价值也往往需要通过咨询行业和法律专家、运用特定的模型和方法进行评估等来确定，以上因素都导致知识产权的价值具有不确定性，同时使知识产权纠纷诉讼的结果很难预测，因此通常权利人往往希望能够快速解决，维护自身权益。从纠纷解决时效来看，诉讼和行政裁决等纠纷解决机制普遍周期较长，还可能面临后续的上诉、复议等程序。这种情况下，通过调解解决纠纷，既能够快速达成目的，又能够避免后续诉讼程序，进一步缩短纠纷解决周期。二是可以实现协商赔偿金额。在知识产权侵权纠纷中，知识产权法一般会按照权利人因被侵权所受到的实际损失或者侵权人因侵权所获得的利益来确定损害赔偿数额。但实际上权利人通常难以举证证明因侵权行为所受到的损失或者侵权人因侵权行为所获得的利益，现行知识产权法的法定赔偿数额上、下限之间的幅度范围较大，并且赔偿金额仅计算侵犯专利权行为所获得的利益，需要根据成本利润等综合因素合理确定，因此侵权的最终赔偿金额的确定也具有复杂性和不确定性。这些特点为调解确定侵权赔偿金额提供了灵活协商的可能和空间。知识产权纠纷的本质一般是利益冲突而非价值冲突。利益冲突在多数情况下是一种竞争性冲突，[1] 在通过诉讼解决纠纷的情况下，当事人的对抗性较强，容易破坏企业之间的合作关系。在调解程序下，通过促进自愿协商来达成和解，发现双方的真正诉求和利益需求，就有可能将当事人之间的竞争关系转化为合作关系，通过促成当事人的合作共赢来解决纠纷。同时，调解是基于双方当事人的自愿解决纠纷，化纷争为合作，也为后续调解协议的履行奠定了良好基础。三是调解程序日益便捷。近年来，我国越来越多的地区将调解

---

[1] 上观. 如何做好知识产权纠纷案件的调解工作［EB/OL］.（2023-03-27）［2023-12-01］. https://sghexport.shobserver.com/html/baijiahao/2023/03/27/991167.html.

工作与知识产权领域进行“无缝连接”，加之各地纷纷采用“互联网+”模式推动调解工作，纠纷多元化解服务平台的建立、投入和使用能够保证当事人快速便捷进入调解流程处理纠纷，与此同时，“行政调解+司法确认”“人民调解+司法确认”机制的建立，赋予了调解协议强制执行力，使调解在解决知识产权纠纷方面发挥着越来越重要的效用。近年来，广东省的知识产权纠纷调解工作在实践中得到了充分发展。2022 年全省知识产权调解组织增至 105 个，全年化解知识产权纠纷 5726 件,❶ 调解成功率也不断提高。在这样的背景下，一方面，本书作为广东省知识产权调解工作的一次思考和总结，为未来更好开展工作提供借鉴和深入探讨的素材；另一方面，本书也使公众对知识产权法律法规在商事活动中的运用场景有所了解，进一步了解调解工作流程和优势，有助于公众通过本书的案例了解如何积极运用调解手段低成本、高效率解决纠纷，合理维护自身合法权益，提升知识产权保护的能力。同时，本书的出版也是广东省知识产权纠纷调解工作者与全国知识产权纠纷调解同行的一次交流探讨，期望本书“抛砖引玉”的尝试，能够为知识产权领域的纠纷调解工作带来广东经验，也能成为全国调解工作成果之一。

---

❶ 广东省市场监督管理局. 2022 年广东省知识产权保护状况 [EB/OL]. (2023-04-24)[2023-11-06]. http://amr.gd.gov.cn/attachment/0/519/519505/4170606.pdf.

广东省还将进一步贯彻落实我国加强知识产权纠纷调解工作的精神，统筹推进知识产权纠纷调解工作，积极构建知识产权大保护工作格局。将建立组织健全、制度完善、规范高效的知识产权纠纷调解工作体系和知识产权纠纷化解的衔接联动工作机制，充分发挥调解在化解知识产权领域矛盾纠纷中的“分流阀”作用，进一步优化营商环境，激发社会创新活力。调解工作也将为助力广东省建设支撑国际一流营商环境的知识产权保护体系，为建设中国特色、世界水平的知识产权强国，建设创新型国家和社会主义现代化强国发挥积极作用。

典型调解案件

第 1 问

“一件代发”能否作为合法来源抗辩理由？

答 合法来源抗辩是法律赋予销售商的一种免赔抗辩，意在保护善意的销售商，对其具有正当的进货渠道、不知道且不应知道所售商品是侵权产品的合理信赖。“一件代发”的模式在电商平台上普遍存在，商家们采用此种形式大多不关注货品的真正来源。但他们在网店上展示商品图片、接单安排发货的行为已构成法律意义上的许诺销售及销售行为，所以如果其所销售的商品确为侵犯他人知识产权的产品，则仍构成侵权，需要承担相应的法律责任。最高人民法院在（2019）最高法知民终 118 号案中指出，销售者合法来源抗辩的成立，需要同时满足被诉侵权产品具有合法来源这一客观要件和销售者无主观过错这一主观要件，两个要件相互联系。采用“一件代发”模式的销售商应从正规渠道进货，其供货商应有相关产品的生产、经营资质。销售商与供货商签订进货合同，具有发票或交易记录且记载事项与涉案商品相对应，并应向供货商支付合理对价，该合理对价不得明显低于正常市场价格。销售商进行“一件代发”商品的时候，应当充分了解商品的背景信息，如果销售商不核实商品的进货来源和生产资质即进行售卖，则说明其在销售侵权产品之前没有尽到合理注意义务。如果转售的是“三无产品”，不仅说明销售商未尽到合理注意义务，且主观上存在侵权的故意或放任侵权发生的故意，不应适用合法来源抗辩。[1]

案例——“拼单”式在线调解“一对多”型案件

一、纠纷基本情况

深圳市A科技有限公司（以下简称A公司）是某项玩具

---

[1] 李够生，甄谛. 网店经营者“一件代发”的合法来源抗辩分析［EB/OL］.（2021-02-20）［2023-09-27］. https://mp.weixin.qq.com/s?__biz=MzA3NTI0NzYxNw==&mid=2651519202&idx=1&sn=583301ee5fac31df9f1e2618ab78fe27&chksm=848d218cb3faa89a3e145960d64382eb8129e83b6807deb13d146c971a74909979e58720c7fd&scene=27.

类相关外观设计专利的排他许可被许可人，许可地域为中华人民共和国全境。该外观设计专利经由国家知识产权局做出专利权评价报告，评价结果为该专利未发现存在不符合授予专利权条件的缺陷。2021 年 11 月，A 公司在某电商平台上开展相关产品维权活动，发现几十家网店销售假冒其专利的玩具，随后向广州知识产权法院提起民事诉讼。

2022 年 2 月，广州知识产权法院通过广东法院诉讼服务网管理平台委派广东调委会对 31 件外观设计专利侵权纠纷案件开展诉前调解。调解员深入仔细地研究了相关案件材料后，通过积极联系原告律师、承办法官和登录相关查询网页收集完善相关被告的联系方式，掌握各网店的经营方式、经营状况及和解意愿。经确认，有 13 家网店当事人无法联系，调解员将该情况反馈给原告律师后终止调解这些案件，并着手对余下 18 件案件开展调解。

二、调解过程和结果

因被告均为同一电商平台上的网店，经营方式均为“一件代发”，各店销售量和销售额相近，调解员与原告经过多轮沟通，原告同意将 1 万元的赔偿额降为 8000 元。被告在调解过程中认为己方只是“一件代发”，产品侵权与自己无关，并且担心在付款后无任何保障，又不想因为几千元而申请司法确认，原被告双方都想简化流程。了解到上述情况后，调解员耐心讲解，本着充分平衡多方利益、解除各方后顾之忧的原则和思路确定调解方案，在调解员的积极引导下，最终达成 11 份和解协议并均已自动履行完毕，原告律师向广州知识产权法院申请撤诉。

三、经验做法

由于本案被告均为电商平台经销商，因此可以采用“拼单”式的方法解决此类“一对多”型案件。调解员首先与原告律师沟通，了解原告的期望值，提出如多家被告积极同意和解，原告可以适当降低索赔金额。原告同意若有 8 家以上被告坚定同意和解，赔偿金额可降为每件 5000 元。调解员再与被告沟通，说明了如果参与同意和解的队伍，可以达成更低的赔偿金额，最终双方均对此调解方式表示满意。

此案中调解员采用专业化解释获得了当事人的信任。调解初始阶段，多位被告认为自己是“一件代发”模式，自己不侵权且不需要负任何责任。调解员为当事人讲解了最高人民法院在（2019）最高法知民终 118 号案中指出的“销售者合法来源抗辩的成立，需要同时满足被诉侵权产品具有合法来源这一客观要件和销售者无主观过错这一主观要件，两个要件相互联系”。明确了“一件代发”的网店经营者未对其上游供应商或产品制造商的资质进行合理审查，即在销售侵权产品之前没有尽到合理注意义务。甚至有某些被告销售的侵权产品属于“三无产品”，不仅说明网店经营者没有尽到合理注意义务，还说明网店经营者未做到诚实守信。此外，合法来源抗辩仅是免除赔偿责任的抗辩，而非不侵权抗辩。最终，被告在了解了相关法律规定后，接受了相关调解方案并表示对“一件代发”应尽的义务更加清晰。

在处理此类“拼单”式调解方案过程中也充分体现了对当事人情况的个性化考虑。据了解，有的被告是宝妈，在家边照顾孩子边经营，家庭经济困难；有的被告因为新冠疫情影响且经营不善，已负债累累。他们在得知自己被诉侵权后都非常着急，表示早已下架了相关产品，希望原告不要追究其责任。调解员对相关情况表示理解，多次耐心与原告沟通，为此类被告争取到了更低的赔偿额。

四、典型意义

近年来，越来越多的商家采用“一件代发”的经营模式，无须进货，整个交易过程都不接触商品。在这个过程中，商家在网店上展示商品、接单并安排发货的行为就已经构成了法律意义上的许诺销售及销售行为。而采用“一件代发”模式的商家一般为小本经营或业余经营者，对自身应尽的义务及知识产权保护等都知之甚少。面对三十几家被告，调解员采用抽丝剥茧、锁定范围、制定策略、分步实施、逐一沟通、全盘考虑的方式进行调解。与“同原告同被告”的系列案不同，此类案件为一原告对多被告，既要考虑各被告的共性，又要考虑某被告的个性，向各方建议相关调解方案时应多方位考虑。同时，考虑到所有被告均来自同一电商平台，调解员采用“拼单”的方式统一解决纠纷，从面对与自己有相同情况者能增加安全感的大众心理出发，消除被告的戒备和疑虑，同时也达到了原告的期望值，法与情的融合促成了纠纷的快速解决。通过这一案例可以看出，调解员的任务除了解除纠纷，还需要在调解过程中普法释法、安抚情绪、正向引导，提高调解组织的社会认可度，提高当事人的知识产权认知和法律意识，从而达到维护社会稳定的作用。

（本案例由董海媚撰稿）

第 2 问

使用他人商品图片是否侵犯信息网络传播权？

答　未经允许将他人在网络上发布的图片用于自己的网站、线上店铺等，侵犯了作者的信息网络传播权。著作权包括信息网络传播权。《中华人民共和国著作权法》（以下简称《著作权法》）第十条规定，信息网络传播权，即以有线或者无线方式向公众提供，使公众可以在其选定的时间和地点获得作品的权利。信息网络传播权侵权认定标准，是通过考察行为人是否未经许可向公众提供作品从而使公众成员可在其选定的时间和地点获得作品来判断的。《信息网络传播权保护条例》第二条规定："权利人享有的信息网络传播权受著作权法和本条例保护。除法律、行政法规另有规定的外，任何组织或者个人将他人的作品、表演、录音录像制品通过信息网络向公众提供，应当取得权利人许可，并支付报酬。”《信息网络传播权保护条例》第十八条规定，违反本条例规定的侵权行为的侵权责任，根据情况，侵权方需要承担停止侵害、消除影响、赔礼道歉、赔偿损失等民事责任。

案例——总额控制调解方案解决各方调解要求

一、纠纷基本情况

泉州某公司系知名服装企业，该公司为推广自主开发设计的 X 款冬季中长款羽绒服产品，投入大量人力、物力和财力拍摄涉案摄影作品，并使用该摄影作品在各大电商平台进行大量宣传展示，目前该款服装成为各大平台爆款产品。2022 年 3 月 10 日，泉州某公司与原告广州某品牌管理公司签订《著作权许可使用合同》，独家许可原告使用 X 款羽绒服的摄影作品，并许可原告有权以自身名义对侵犯 X 款摄影作品信息网络传播权的行为采取维权措施。

经原告调查发现，广东省阳江市有5家电商店铺在各大电商平台上直接采用了原告的X款羽绒服的摄影作品，原告认为5家店铺擅自直接采用涉案摄影作品，严重侵害了原告的信息网络传播权，给原告造成重大的经济损失。原告委托广州一律师事务所向阳江市江城区人民法院提起民事诉讼，请求5个案件被告立即删除平台上店铺中全部侵权作品并撤销所有侵权产品商铺链接，每家商铺赔偿原告经济损失以及制止侵权行为所支付的合理开支各1万元。2023年3月10日，江城区人民法院委托阳江市知识产权纠纷人民调解委员会（以下简称阳江市调委会）进行诉前调解。

二、调解过程和结果

阳江市调委会迅速与法院诉前联调工作室组成调解工作小组，商讨调解的初步方案，调解员通过电话与5个案件被诉当事人分别取得沟通，初步掌握了5个案件被告各自不同的诉求：其中案件一和案件二的被告不承认侵权，认为各大平台很多店铺都在使用这些服装图片，自己只是放了一些图片；案件三和案件四的被告初步同意调解但认为调解金额太高；案件五的被告态度强硬，要直接走诉讼程序。

调解员与被告进行第一轮沟通后，再和原告律师沟通，最初，原告律师比较强势，主张起诉状上所列各项诉求。调解员结合阳江市类案判决情况，积极与原告律师沟通，耐心倾听律师诉求，细心领会其妥协折中的可能性，了解其调解底线。由于该律师代理批量投诉案件，愿意接受赔偿金额少一些，但要求高效调解结案，并且每个案件赔偿金额不少于2000 元。

在充分了解各方当事人诉求后，调解员再次与 5 个案件的被告沟通。案件三和案件四的被告初步同意调解但仍认为调解金额太高，分别都只愿意以 3000 元接受和解。案件一和案件二的被告经过调解员的耐心普法，结合类案分析，最后承认侵权事实，并表达是因为自己对侵犯信息网络传播权的行为不了解造成的，但都只愿意以 1000 元和解，在调解员的不懈努力下，最终表示愿意以 1500 元和解。考虑到原告律师要求每个案件至少 2000 元赔偿金额，调解员再次与原告律师沟通，但原告律师坚持至少 2000 元一个案件的底线。调解员不断调整调解方案，提出按照总额控制 5 个案件赔偿金额 1 万元以上的方案，最后通过调解员努力，原告律师同意调整后的方案。

带着最新的调解方案，调解员拨通了案件五被告的电话，通过耐心细致地分析各项利弊，案件五的被告最终同意调解，并根据案件五的侵权行为严重程度确定了适当的赔偿金额。最终本案通过案件总额控制调解方案达成了该案全部被告均以调解方式结案的结果。

三、经验做法

本案例中，调解员通过多方多次与各方当事人进行沟通了解，高效地成功调解案件三和案件四；同时调解员与案件一和案件二的被告多次电话沟通，通过搜集大量类似案例，结合自身的专业技术，多层次、多角度地分析其在案件中的地位，成功地说服案件一和案件二的被告同意调委会提出的调解建议。考虑到5个案件调解成功了4个，本着帮助权利人节约时间和维权成本的初心，经过调解员的研判，调委会认为只有案件五的被告参与到调解中来，才能实现“一站式”有效化解纠纷。调解员不断调整调解方案，提出“整体打包式”调解建议，尝试让原告律师按照总额控制的方案接受5个案件赔偿金额1万元以上的方案，最后通过调解员努力，原告律师同意调整后的方案。通过调解员耐心的思想疏导和专业的分析沟通，打消案件五的被告不同意调解的念头，并就调解金额达成一致，达到了“及时止纷息争”的效果。

四、典型意义

在当前电商平台经营模式下，此类案件非常具有普遍性。信息网络是一个完全开放的环境，一件作品一旦被放置于该环境中就等于处在公开状态，但公开不代表可以“任性”使用，任何人使用应当取得权利人许可，并支付报酬。

本案例充分体现了调解的灵活性和经济性，从最初的诉求着手，在沟通和调解的过程中，不断灵活调整调解方案，通过金额总量控制的方法，积极促成各方当事人达成和解。通过“整体打包式”调解，依托调委会“一站式”服务，整个案件全流程用时不超过一个月，帮助权利人极大地节约了时间成本和维权成本。

（本案例由黄建伟撰稿）

第3问

制造、销售的产品已有他人在先专利，是否构成侵权？

答 《中华人民共和国专利法》（以下简称《专利法》）第十一条规定，发明和实用新型专利权被授予后，除本法另有规定的以外，任何单位或者个人未经专利权人许可，都不得实施其专利，即不得为生产经营目的制造、使用、许诺销售、销售、进口其专利产品，或者使用其专利方法以及使用、许诺销售、销售、进口依照该专利方法直接获得的产品。《专利法》第六十五条规定，未经专利权人许可，实施其专利，即侵犯其专利权，引起纠纷的，由当事人协商解决；不愿协商或者协商不成的，专利权人或者利害关系人可以向人民法院起诉，也可以请求管理专利工作的部门处理。《专利法》第七十七条规定，为生产经营目的使用、许诺销售或者销售不知道是未经专利权人许可而制造并售出的专利侵权产品，能证明该产品合法来源的，不承担赔偿责任。

案例——高效调解，纠纷也能变合作

一、纠纷基本情况

某国外专利权人于2000年10月11日向中国国家知识产权局提出发明专利申请，经审查后于2005年3月30日获得授权。专利权人经调查发现，佛山市某公司（以下简称被请求人）未经其许可，正在实施制造、销售、许诺销售落入该专利保护范围的产品的行为。其后，专利权人在被请求人的工厂官方网上商店购得被控侵权产品一台，该产品的包装箱和使用说明书上均标注有被请求人全称，上述“工厂官方网上商店”的首页展示了被请求人的营业执照和组织机构代码证，并均加盖了被请求人公章。此外，该店铺在醒目位置标注的商标为被请求人的注册商标。专利权人通过调查获取了被请求人工厂的照片，照片显示被请求人正在制造被控侵权产品，工厂内有大量侵权产品的库存，并且样品间内有被控侵权产品的展示。

为维护自身权益，2018 年 10 月，专利权人向侵权发生地专利管理部门及顺德（家电）知识产权快速维权中心（以下简称家电快维中心）提起专利侵权纠纷处理请求，要求被请求人立即停止实施制造、销售、许诺销售被控侵权产品的行为，并销毁所有库存被控侵权产品以及制造侵权产品专用的工具、模具，删除所有刊载侵权产品的宣传资料。

二、调解过程和结果

（一）初步沟通

接到本案后，家电快维中心与专利权人的代理律师进行了联系沟通，初步了解专利权人的调解意向及被请求人的具体情况。

（二）调查取证

当地专利管理部门及家电快维中心受理案件后三个工作日内快速立案并迅速开展现场勘验调查。经调查发现，被请求人的工厂于 2011 年成立，经营范围主要包括产销日用电器、五金制品、塑料制品、硅胶制品、电子制品等相关产品。现场勘验检查发现，被请求人展厅展示被控侵权产品200个，被请求人确认该产品为其公司生产，并在网上销售出大概30个，售价约130元/个；出口被控侵权产品660个，被请求人确认该产品为其公司生产，但没有销售过。被请求人表示在生产和销售涉案产品之前并未了解过涉案专利情况。办案人员按程序现场取样涉案产品，并作现场勘验检查笔录，向被请求人宣讲知识产权相关知识和侵权责任等。

（三）启动专利侵权判定专家咨询会

本案涉及发明专利的侵权判定，案件本身存在一定复杂性，且勘验调查中发现被控侵权产品库存量大，销售渠道涉及线上线下、国内外等多个渠道，涉及面广，加之被控侵权产品作为家电产品，在“家电之都”顺德具有很强的代表性，为准确判定是否侵权，家电快维中心启动侵权判定咨询专家库，从中抽取家电技术、专利代理及法律专家各1名，组成专家组对被控侵权产品与涉案专利进行比对分析，经专家研讨，最终判定本案被控侵权产品落入涉案专利的权利要求1至6的保护范围，构成侵权，现场出具了专家判定咨询意见。

（四）处理结果

为保障双方权益，家电快维中心工作人员积极与双方当事人进行沟通，了解调解意愿。沟通的同时将侵权判定的要点、专家意见以及请求人调解意向告知被请求人。经过多次沟通、普法后，被请求人意识到本案侵权风险较大，如请求人诉至法院将带来更大的侵权后果，同时被控侵权产品作为被请求人的主推产品，如被判侵权将产生较大的损失；请求人也希望案件可以在行政阶段得到快速高效处理，避免后续更多的程序，同时也希望可以通过专利权得到更大的利益。双方在权衡利弊后，在家电快维中心的调解下，最终达成调解意愿并签订调解协议，被请求人向请求人赔偿 10 万元，同时在调解协议上就双方后续的商业合作模式作出协定，双方的专利侵权纠纷通过家电快维中心的调解，变成商业合作的新模式。

三、经验做法

本案是家电快维中心快速维权的典型案例，家电快维中心利用平台优势，在接到请求 3 个工作日内启动快速维权程序，并根据双方意愿组织调解，最终达成调解协议，减少双方当事人的维权时间成本，达到快速维权的效果。

在做好维权工作的同时，家电快维中心利用现场勘验的机会对被请求人开展普法工作，让企业经营者了解专利法、专利侵权判定原则等基础知识，提高企业专利侵权风险意识，使企业认识到自身的生产经营行为有可能存在的侵权风险和需要承担的责任。鉴于案件的技术性较强，调解工作通过启动侵权判定咨询专家库，依托专家团队的力量为双方当事人，特别是被请求人提供了专业的判定意见，为本案后续的成功调解奠定了基础。

四、典型意义

本案在处理过程中，沟通全程高效顺利，并在查明事实、分清是非的基础上，促使双方当事人相互谅解，达成调解意愿。维权是对专利成果的保护，最终目的是拓展专利产品市场空间并从中获取利润，因此请求人与被请求人并非绝对对立，案件的处理是一个动态的过程，双方可在此过程中沟通互动，执法人员也将调解贯穿于专利侵权纠纷处理的全过程，最终促使双方达成调解协议，并实现了商业合作的双赢局面。

本案涉及发明专利，需要组织专家团队对侵权与否给出专业性侵权判定意见，专家库是家电快维中心办理案件的智囊团，遇到疑难重大案件时启动专家库，对案件进行分析论证并给出判定咨询意见。该意见虽然不具有司法鉴定意见的效力，但经专家分析判定后的结果，对当事人双方及专利管理部门都具有重要的参考意义。

（本案例由吴升宇撰稿）

第4问

委托生产的产品涉嫌侵权，生产商有责任吗？

答 《专利法》第十一条明确规定，不论是否受他人委托进行，制造、许诺销售、销售实用新型专利和外观设计专利均属侵权行为。我国专利法的立法宗旨在于从制造这一源头制止侵权，杜绝侵权产品的产生，使专利权获得充分有效的保护。因此，制造者被赋予一定的积极注意义务，受委托方指定样品生产、主观上不知情等不是免除其违法责任和赔偿责任的合法理由。同时，《专利法》第七十一条规定："侵犯专利权的赔偿数额按照权利人因被侵权所受到的实际损失或者侵权人因侵权所获得的利益确定。"

案例——防范侵权风险，合理计算赔偿金额促成和解

一、纠纷基本情况

江门市某科技有限公司（以下简称某科技公司）与江门市某照明科技有限公司（以下简称某照明公司）为关联公司，某照明公司是某科技公司的控股公司，双方共同生产一款灯饰产品，该款产品包含了该公司拥有的8项专利。某科技公司与某照明公司发现广东某灯饰有限公司（以下简称某灯饰公司）销售同款产品，2023年2月，某科技公司、某照明公司就与某灯饰公司专利侵权纠纷向广州知识产权法院提起诉讼。

二、调解过程和结果

在广州知识产权法院诉讼调解阶段，原告要求被告赔偿100万元才撤诉，双方分歧太大，最初无法达成调解。后某灯饰公司请求江门市知识产权纠纷人民调解委员会和江海区

知识产权纠纷人民调解委员会（以下简称调委会）介入案件，在充分沟通的情况下，原告申请撤诉，调委会受理并介入调解。

某科技公司和某照明公司认为，共有 8 项自身专利涉嫌被侵权，包括 2 项实用新型专利和 6 项外观设计专利，这些专利于 2017—2019 年集中申请，目前均处于有效状态。某灯饰公司未经其许可，生产、许诺销售、销售涉案的专利产品的行为已经由公证机关保存证据，事实清楚，应当依法承担侵权责任。涉案灯具售价 4090. 84 元，某灯饰公司共生产、销售涉案灯具 25 件，涉案金额为 102271 元，应当以该数额确定赔偿金额。

某灯饰公司反馈，其于 2022 年在一场国外展会上接受国外客户委托生产该款产品，灯饰产品图纸由客户提供，要求其按照图纸生产，共生产 25 件该款产品，交付 24 件给国外客户后，将剩余的 1 件样品放在门店，并于 2022 年 4 月 21 日销售，没有再生产、销售，没有库存。其在收到某科技公司和某照明公司的起诉材料后，才知道该产品侵犯了请求人的专利权，已立即停止生产、销售涉案产品。某灯饰公司承认生产的产品落入请求人专利权范围，但是自己是受客户委托生产，自己不存在主观故意，未侵犯专利权；即便侵权，对方的赔偿额请求也过高。

调委会认为，双方对该款产品侵权事实和涉案金额均无异议，争议焦点在侵权责任的承担主体和赔偿金额两个方面。

对于争议焦点一，《专利法》第十一条规定："发明和实用新型专利权被授予后，除本法另有规定的以外，任何单位或者个人未经专利权人许可，都不得实施其专利，即不得为生产经营目的制造、使用、许诺销售、销售、进口其专利产品，或者使用其专利方法以及使用、许诺销售、销售、进口依照该专利方法直接获得的产品。外观设计专利权被授予后，任何单位或者个人未经专利权人许可，都不得实施其专利，即不得为生产经营目的制造、许诺销售、销售、进口其外观设计专利产品。"因此不论是否受他人委托进行，制造、许诺销售、销售实用新型专利和外观设计专利产品均属侵权行为。

对于争议焦点二，《专利法》第七十一条规定："侵犯专利权的赔偿数额按照权利人因被侵权所受到的实际损失或者侵权人因侵权所获得的利益确定。"本案专利权人无法确定实际损失，拟按侵权人所获利益进行赔偿额计算。《最高人民法院关于审理侵犯专利权纠纷案件应用法律若干问题的解释》（法释〔2009〕21 号）第十六条规定："人民法院依据专利法第六十五条第一款的规定确定侵权人因侵权所获得的利益，应当限于侵权人因侵犯专利权行为所获得的利益；因其他权利所产生的利益，应当合理扣除。侵犯发明、实用新型专利权的产品系另一产品的零部件的，人民法院应当根据该零部件本身的价值及其在实现成品利润中的作用等因素合理确定赔偿数额。”《最高人民法院关于审理专利纠纷案件适用法律问题的若干规定》（2020 修正）（法释〔2020〕19 号）第十四条规定：“专利法第六十五条规定的侵权人因侵权所获得的利益可以根据该侵权产品在市场上销售的总数乘以每件侵权产品的合理利润所得之积计算。”本案中，该项侵权产品总销售额虽然有 10 万元左右，但是利润率不高，每项侵权零部件产品在成品利润中的比例也比较低，即便法院全部支持专利权人的主张，赔偿额也非常低。

通过上述分析，调委会工作人员向某灯饰公司说明其侵权行为的违法性，同时向某科技公司和某照明公司对上诉内容进行释法讲解，特别是赔偿额的计算方式，成功说服双方达成“某灯饰公司不再生产、销售、许诺销售涉嫌侵权产品，无须赔偿。如有违反，则需承担一定数额的赔偿”的调解协议。并且通过知识产权纠纷行政调解协议司法确认无缝衔接机制，启动了司法确认程序，经过广州知识产权法院审查，于 2023 年 6 月 7 日作出民事裁定书予以司法确认。

三、经验做法

在本案调解之初，调解员向某灯饰公司释法明理，明确其行为属于侵权行为，为其认清自身侵权问题并采取一定弥补措施建立一个心理预期；向原告某科技公司和某照明公司详细解释赔偿额计算标准，说明即便法院全部支持其诉请，赔偿额也极其有限，而且耗时耗力，为其同意降低甚至免除赔偿金打下基础。在达成调解后，通过知识产权纠纷行政调解协议司法确认无缝衔接机制，对调解协议内容予以司法确认，赋予其强制执行力，避免后续单方反悔又起纠纷。

四、典型意义

（一）来样加工的知识产权侵权风险防范

广东省是制造大省，也是外贸大省，境外来样定制在各行业非常普遍，本案明确了被委托方的知识产权侵权责任，对境内加工企业加强知识产权审查和来样加工风险防范起到警醒作用。被委托工厂在受委托之前应积极履行审查义务，例如在委托协议中加入知识产权瑕疵担保条款、要求委托方就相应加工产品提供专利权或专利许可证明文件、要求委托方出具涉案产品不涉及侵权的法律意见书或专利检索报告等，降低生产产品侵权风险。同时，被委托工厂通过合同约定知识产权瑕疵担保条款等方式，在万一真的发生侵权赔偿时，也可以实现案后对委托方的追偿，降低自身经济损失。

（二）知识产权侵权纠纷赔偿额的正确计算

知识产权侵权纠纷赔偿额有多种计算方法，《专利法》第七十一条规定的侵权人所获利益并非侵权产品销售总额，还要综合考虑因侵犯专利权行为所获得的利益在全部利益中的比例。本案对赔偿额进行估算，让专利权人了解实际赔偿额计算方法，纠正其过高的赔偿预期，为后续免除赔偿责任、达成调解奠定了基础。

（三）调解协议与司法确认无缝衔接

调解协议在性质上属于民事合同，不具有强制执行力。为了赋予调解协议强制执行力，双方通过江门市市场监督管理局与广州知识产权法院建立的知识产权纠纷行政调解协议司法确认无缝衔接机制，启动司法确认程序。经过司法确认程序赋予调解协议强制执行力，解决了调解协议执行难的问题。

（本案例由李金道撰稿）

第5问

6年前转载了侵权作品还会被追责吗？

答 根据《最高人民法院关于审理著作权民事纠纷案件适用法律若干问题的解释》（法释〔2002〕31号）第二十八条规定，侵犯著作权的诉讼时效为两年，自著作权人知道或者应当知道侵权行为之日起计算。权利人超过两年起诉的，如果侵权行为在起诉时仍在持续，在该著作权保护期内，人民法院应当判决被告停止侵权行为；侵权损害赔偿数额应当自权利人向人民法院起诉之日起向前推算两年计算。

案例——系列案件巧调解，矛盾纠纷化玉帛

一、纠纷基本情况

原告是全国首家全媒体集团，是广东省委、省政府深化文化体制改革、加快媒体融合发展打造的省直主流财经媒体，为其所有原创文章作品的专有使用权人。被告在其主办的网站上，擅自转载使用原告大量涉案的原创作品，侵害了原告作品的信息网络传播权，且为不正当竞争。原告提出诉讼请求：一是请求法院依法判令被告停止侵权，删除在其运营的官网发布的原告作品；二是被告向原告赔偿经济损失及维权合理开支。

二、调解过程和结果

2022 年 8 月，广州互联网法院通过广州互联网法院在线纠纷多元化解平台（以下简称在线调解平台），委派广东调委会对原告的 30 件著作权侵权纠纷案件开展诉前调解。

调解员深入仔细地研究了相关案件材料后，向承办法官了解同类型著作权侵权案件的赔偿标准，并通过“中国裁判文书网”对涉及信息网络传播、文字作品侵权纠纷等关键词进行检索，统计公开的判决书中所涉及的该类案件，运用大数据对该类作品侵权案件的数量、结案方式、赔偿标准等信息进行类案分析，结合本案涉及侵权的字数，以此为基础计算预判赔偿金额。调解员利用在线调解平台的便捷性，随时在线与当事人进行一对一的沟通交流，晓之以理、动之以情，展开调解。调解过程中，原告表示，被告所涉及的侵权文章除已涉诉的30篇外，还擅自转载了原告享有著作权的170余篇作品，字数多达上百万字，并已完成取证，但尚未向法院提起诉讼。被告表示，确有转载使用原告大量涉案作品，但其中一大部分是2016年发布的，现在已是2022年，已经过去6年，不应该被追责。

调解员针对调解中了解到的具体情况进行具体分析：一是告知被告，根据《最高人民法院关于审理著作权民事纠纷案件适用法律若干问题的解释》第二十八条的规定，侵犯著作权的诉讼时效为两年，但是如果该网站的文章一直存在，没被删除，那就表示侵权行为仍在持续中，也就是仍在诉讼时效内。二是由于被告所涉及的侵权文章篇幅多达200余篇，百万余字，仅就现有涉案纠纷进行和解，无法彻底解决双方的系列诉讼问题。为此，调解员根据原告提出的和解方案，结合与双方当事人沟通的情况，及时调整了和解方案，建议以支付“信息使用费”替代“侵权赔偿”的方式来解决双方争议，一揽子处理原告拟起诉被告的其他同类型案件，并就上述方案的合法性及时与委托法院的主审法官进行了沟通。在得到法官的支持后，调解员再次与原被告双方进行了沟通，明确调解协议的相关内容，得到了双方的认可，最终促成案件的成功和解，圆满结案。

三、经验做法

（一）善用技巧，维护当事人商誉关系

调解员充分利用在线纠纷多元化解平台，线上送达相关起诉书及证据材料，背靠背开展谈话、疏导，引导双方当事人放下目前的争议，缓和对立情绪，减少对双方关系的破坏，以促进双方当事人进一步合作的方式进行调解，为后续的合作共赢奠定基础。

（二）法理并用，稳定当事人心理预期

调解员仔细研究了现有判决书，运用司法大数据对类似案件特征、态势、成因、结果进行分析，据此与当事人进行充分的辨法析理及诉讼风险提示，同时法礼并用，推动当事

人权衡利弊，为当事人提供了案情走向的有效预测预判，稳定了当事人的心理预期。

（三）用心用情，关注当事人核心利益

本案中，调解员意识到被告为上市企业、行业领军者，十分重视维护自己的声誉，然而其所涉及的侵权文章篇幅多达200余篇，百万余字，具有涉案范围广、舆论风险大的特点，如届时开庭判决，将会造成企业的声誉受损，增加双方诉讼成本。在关注到当事人核心诉求后，调解员及时调整和解方向，在征得原告理解的情况下，协助双方当事人设计出合理可行、利益均衡的和解方案。关注当事人核心利益需求，推动当事人寻求合作共赢的机会和空间，是调解成功必不可少的因素之一。

四、典型意义

与其他民事案件相比较，知识产权案件纠纷双方当事人在追求利益最大化的同时，更看重维护其商誉，寻求后续的合作共赢。同时，此类案件批量化、类型化特点明显，且大多呈现出陆续起诉、后续案件多的趋势。例如在本案中，尽管原告已对被告涉嫌侵权的200余件作品进行了取证，但仅选择先起诉其中一部分，后续还可能对其他部分提起诉讼。

调解中，调解员充分利用调解技巧，引导双方当事人放下目前的争议，缓和对立情绪，以促进双方当事人进一步合作的方式，维护双方当事人的商誉，同时把握时机，在促成原被告双方就已诉纠纷达成和解的过程中，将未诉的同类型案件也一并解决，以一揽子合作达成协议，既能够节省司法审判资源，又能降低权利人的维权成本，还促进了当事人双方合作，取得事半功倍的效果，真正实现了三赢格局。

（本案例由陈小静撰稿）

第6问

销售产品与专利产品仅颜色不同，算侵权吗？

答 外观设计专利简要说明中并未明确要求保护色彩的，而所销售产品与专利权外观设计的图片或照片中相比没有实质性变化，且容易让消费者混淆的，应属于侵权范畴。《中华人民共和国专利法实施细则》第二十八条规定，外观设计的简要说明应当写明外观设计产品的名称、用途，外观设计的设计要点，并指定一幅最能表明设计要点的图片或者照片。省略视图或者请求保护色彩的，应当在简要说明中写明。但是，如果有其他产品采用与外观设计专利相同或者相近似的外观设计之余，还附加有其他图案、色彩设计要素的，如果这些附加的设计要素属于额外增加的设计要素，则对侵权判断一般不具有实质性影响。否则，他人即可通过在外观设计专利上简单增加图案、色彩等方式，轻易规避专利侵权，这无疑有悖于专利法鼓励发明创造、促进科技进步和创新的立法本意。

《专利法》第十一条规定外观设计专利权被授予后，任何单位或者个人未经专利权人许可，都不得实施其专利，即不得为生产经营目的制造、许诺销售、销售、进口其外观设计专利产品。《最高人民法院关于审理侵犯专利权纠纷案件应用法律若干问题的解释》（法释〔2009〕21号）第八条明确规定，在与外观设计专利产品相同或者相近种类产品上，采用与授权外观设计相同或者近似的外观设计的，人民法院应当认定被诉侵权设计落入专利法第五十九条第二款规定的外观设计专利权的保护范围。

案例——提升法律意识，合理判断核心诉求促成调解

一、纠纷基本情况

2020年11月11日，原告向国家知识产权局提出某鞋的

外观设计专利申请，于 2021 年 3 月 26 日获得授权，涉案专利权至今有效。

原告在市场调查时发现，被告一在某电商平台开设的“某鞋类官方旗舰店”上，销售涉嫌侵犯原告外观设计专利权的产品，侵权产品采用了与涉案外观设计专利相同的外观设计。网上显示其销量有 2 万件，销售价格单独购买为 81 元，根据产业信息网 2020 年 6 月 1 日发布的文章《2020 年一季度中国鞋帽行业经营情况分析：业绩表现持续偏弱，但线上收入占比提升明显［图］》显示的鞋帽毛利率平均值暂计为 41.5%，按照 41.5% 的标准计算被告一的实际获利为 20000×81×41.5% = 672300 元。据此，原告要求被告赔偿经济损失及合理开支共计 15 万元。被告二作为被告一的投资者，应当对被告一的债务承担连带清偿责任。

原告在掌握证据后向广州知识产权法院提交书面申请，要求二被告承担相应责任。广州知识产权法院在受理案件后，经过初步了解，将此案委派给广东调委会进行先行调解。

二、调解过程和结果

接到调解工作后，广东调委会调解员仔细研究了案卷材料，以便和双方当事人良好沟通并开展调解工作。

调解之初，原告坚持 15 万元的赔偿额不让步。而在调解过程中被告先是提出疑问，说自己周边都是小作坊的加工厂，大家都是模仿款式来经营生存的，为什么就侵权了？调解员仔细聆听被告的疑问后，向被告耐心讲解了有关专利权的法律规定，原创设计获得专利权，专利法给予权利人专有制造、销售的权利。后续被告又称自己销售的数量很少，原告提供的销售数据不是真实数据；自己销售的产品是有些颜色图案变化的；对方有专利为什么不在产品上标记有专利；自己是小作坊，经济困难，如果要赔偿，小企业就倒闭了。调解员在与被告沟通过程中实时宣传普法，针对被告的各种质疑和托辞进行了浅显易懂的解释和普法，提升当事人对案件的法律认知，为调解达成和解奠定了良好的基础。

同时调解员与原告律师进行了具体详尽的沟通分析，原告代理律师也担心，通过诉讼解决可能会面临专利无效诉讼程序，最后整个维权过程就会复杂很多，加之对侵权赔偿数额的认定也还有很多不确定因素，于是原告最终也做出很大让步，赔偿额减少到 6 万元，当被告提出 5 万元赔偿数额时，原告再次做了和解让步，最后双方以 4.8 万元达成和解意向，随后被告签订了和解协议，当天即支付了赔偿费用，原告代理律师也于当日提交了撤诉申请。

三、经验做法

（一）沟通过程实时宣传普法，提升当事人的法律认知

此类专利侵权案件的被告，大多是在不了解专利法的情况下发生的专利侵权行为。在这种情况下，重要的是对当事人进行社会法律环境和知识产权法律法规的宣导，让当事人清楚自己的行为侵权违法，同时也客观分析违法行为需要承担的赔偿责任，在普法的同时消除当事人对可能面临的赔偿责任的恐惧心理。如果调解员一联系当事人直接就切入案情描述最严重的法律后果，会让当事人马上产生自保心态，急于寻求外界帮助，寻找反诉对策，结果就会让案件更加复杂，难以调解成功。

（二）摸准当事人心态，协调合理意向赔偿

沟通过程中掌握原告、被告的内在关键诉求，赔偿费用是否有调整的可能，最后确定双方都能认可的赔偿数额。本案中原告考虑到诉讼流程较长，且可能涉及外观设计专利的无效诉讼，存在各种不确定因素和风险，且赔偿费用的计算也存在不确定性，因此愿意接受调整侵权赔偿费用，被告则在认清自身存在侵权违法行为后，也接受调解决定对权利人

进行赔偿，因此双方均有调解意愿，赔偿费用就有了调整可能。

四、典型意义

初创、小微企业从复制到创新的转变关键是创新意识的提升改进。知识产权保护和宣传还任重道远。就如本案当事人从案件中认识到，仿造复制是行不通的，“要想长久生存，必须有自己的原创”。自己的产品设计要走在前面，跟着潮流和形势走，把握市场需求才能更好地发展，故步自封是难以生存的。初创企业、小微企业从起步之初就要结合自身实际情况改进创新，创新是企业发展的灵魂和核心所在。

（本案例由任海燕撰稿）

第 7 问

未注册已使用的商标是否侵犯已注册未使用商标的权利？

答 除法律法规强制要求烟草制品必须注册商标外，在其他商品和服务项目上是可以使用未注册商标的，保护善意的在先使用者权益，是商标法诚实信用原则的重要体现。我国实行商标注册保护原则，未注册商标只能受到有限的保护。《中华人民共和国商标法》第 59 条第 3 款规定：商标注册人申请商标注册前，他人已经在同一种商品或者类似商品上先于商标注册人使用与注册商标相同或者近似并有一定影响的商标的，注册商标专用权人无权禁止该使用人在原使用范围内继续使用该商标，但可以要求其附加适当区别标识。未注册商标如果在他人注册商标的申请日之前已经善意使用，且在有一定影响力的情况下，可以在原有范围内继续使用，但需要附加区别标志，使公众不至于产生混淆，但如果不是上述情形，则会侵犯他人的注册商标专用权。

案例——利益平衡促成合作共赢

一、纠纷基本情况

原告广州某公司的法定代表人拥有1件眼影品牌的注册商标专用权，其诉称，被告在未经其许可的情况下，擅自在市场及电商平台上销售多款涉案侵权产品，涉嫌侵害原告注册商标专用权。据此，原告要求被告赔偿经济损失及合理开支共计30万余元，停止侵犯原告注册商标专用权。据被告陈述，自己早于原告在市场上使用该商标，原告属恶意抢注商标行为，故不存在侵权行为，不予赔偿。2022年10月25日，广州知识产权法院委托广东调委会进行诉前调解。

二、调解过程和结果

接到调解工作后，调解员通过案件材料，采用电话沟通等方式掌握了涉案注册商标侵权事件的冲突原由和当事双方诉求。

原告在诉状中表述，其商标于2022年5月20日获得国家知识产权局商标局注册商标证，2022年下半年陆续在市场及电商平台发现被告侵权使用其注册商标进行商品销售，仅电商平台月销售额预估为4万元，该行为严重损害了注册商标持有人权益，破坏了公平有序的市场环境，于是开始收集被告侵权的证据并提起诉讼。被告在了解到原告的起诉原因后，向调解员透露，其自2020年1月在市场和电商平台推出该款产品以来，就一直使用该标识名称作为产品商标标识，且作为公司的主推产品，公司投入了大量的经费开展产品研发、生产厂房建设、销售平台拓展、广告宣传推广，经过近两年的持续支出才逐渐在市场中收获成效。被告还向调解员递交了其产品设计外观稿、产品开发项目书、产品商业计划书、原材料购买记录、销售增值税发票等辅佐证明材料，同时，被告认为原告存在恶意抢注他人在先权益商标、剽窃他人在先知识产权成果的行为，其行为难言正当。在第一轮的调解过程中，两方当事人互不退让，情绪更加激化，矛盾不降反增，原告直接要求结束诉前调解，转法院立案程序，被告则向国家知识产权局商标局提交了该件注册商标的无效宣告申请，调解工作进入了胶着阶段。此后，调解员重新梳理了当事人案件纠纷过程，查明事实，分清是非，厘清了双方争议的关键问题在于：原告认为被告侵权使用了其注册商标，被告则认为该标志早在2020年就已经被自己公司投入市场中使用，现产品已逐步被消费者熟悉和认可，而对方却抢先对该标识提交了注册申请，在成为注册商标后以此维权获利，属于不正当竞争。要想案件得以和解，就要从事实出发，以法律为依据，调解员采用背对背的方式与双方当事人分析诉与非诉的利弊，并为双方提出了切实可行的解决方案和建议。当事人经过认真斟酌，采纳了调解员给出的调解方案，最终，原告同意将该件注册商标专用权转让给被告，达成和解。

三、经验做法

本案中商标在先使用者提供了大量证据，证明自身在先使用该商标进行了生产和销售产品的行为，而原告在后注册该商标成功，被告已经向商标评审委员会提出“宣告商标无效”之诉，可以预见，围绕该商标是否侵权会伴随漫长的诉讼，双方的经济利益和时间精力都会有较大损失。在这种情况下，调解员首先进行了案情研判，对案情的基本情况和走向准确定性。在此过程中，阅读案卷、梳理案情对找准调解突破口十分重要。只有掌握了双方当事人争议焦点，才能抓住纠纷症结所在，对症下药，引导双方当事人主动配合调解工作，并最终促成和解。

在此基础上进一步切入诉求，消除争议。在知识产权纠纷中，当事人之间的争议往往体现在三个方面：一是对原告权利是否确定及权利归属存在不同认识；二是对被诉行为是否构成侵权以及是否应承担侵权责任存在不同认识；三是对赔偿数额存在不同预期。针对不同争议及诉求，调解员可以向双方当事人释明具体纠纷所涉侵权责任认定的基本原则与法律依据，帮助当事人理性地参与诉讼。本案中，调解员引用商标侵权案件中“在先使用抗辩”的法律依据对双方争议和冲突展开调解，告知双方在目前法律规定和已有证据的情况下可能面临的结果，随着调解工作的深入，双方的争议分歧逐步缩小，和解意愿越来越强烈。

调解过程中需要利益平衡，和解共赢。调解的实质是以当事人自愿接受调解协议的方式实现当事人间的利益平衡，合理合法的调解方案是促成调解成功的重要因素。本案经过不懈努力，最终促使双方当事人签订了商标转让协议，既维护了原告公司作为商标权利人的合法权益，使其通过转让注册商标实现商标权利的价值，也使被告公司在获得转让的注册商标后，免于日后相关案件的讼累风险，避免了侵权经济损失的扩大。

四、典型意义

商标作为知识产权的重要组成部分，已成为企业和国家发展的重要助力和推动市场经济发展的强大动力，在一定程度上代表着一个企业、一个地区乃至一个国家的经济实力、发展水平和整体形象；特别是著名商标和驰名商标，既是企业的无形资产，也是社会的资源和财富。享誉全球的美国高科技公司苹果公司就曾为“iPad”商标在中国的合法使用支付了约3.8亿元注册商标专用权费用。近年来国内商标抢注引发的维权纠纷日益增加，有很多恶意抢注的情况，也有很大一部分商标被抢注源自商标使用人商标意识的匮乏，导致企业多年经营成果付之东流。在我国，商标注册是商标得到法律保护的前提，是确定商标专用权的法律依据。注册商标不仅仅是商品或服务上的一个符号，更是企业参与市场竞争的利器，是企业开展市场经济活动中的一块“盾牌”，掌控注册商标专用权这一“盾牌”，不但可以保护自己的商标权益不受侵害，在必要的时候还可以反制入侵的“敌军”。企业应在事前合理规划布局企业的商标策略，构建适应企业发展路径的商标防御体系，从源头遏制侵权行为。

（本案例由邓煜晖撰稿）

第 8 问

就同一产品，双方都拥有专利，可能涉嫌侵权吗？

答 《专利法》第十一条规定："发明和实用新型专利权被授予后，除本法另有规定的以外，任何单位或者个人未经专利权人许可，都不得实施其专利，即不得为生产经营目的制造、使用、许诺销售、销售、进口其专利产品，或者使用其专利方法以及使用、许诺销售、销售、进口依照该专利方法直接获得的产品。外观设计专利权被授予后，任何单位或者个人未经专利权人许可，都不得实施其专利，即不得为生产经营目的制造、许诺销售、销售、进口其外观设计专利产品。"《专利法》第四十条规定："实用新型和外观设计专利申请经初步审查没有发现驳回理由的，由国务院专利行政部门作出授予实用新型专利权或者外观设计专利权的决定，发给相应的专利证书，同时予以登记和公告。”《专利法》第九条规定：“同样的发明创造只能授予一项专利权。……两个以上的申请人分别就同样的发明创造申请专利的，专利权授予最先申请的人。”

综上，判断被控侵权产品是否侵犯了某一项专利权，应判断所述产品是否落入该专利权的保护范围，并认定被控侵权行为是否属于专利法意义上的侵权行为，而不以被控侵权方是否有专利为判断标准。同时，由于实用新型专利及外观设计专利采取的是形式审查制度，存在相同专利重复授权的可能性，但《专利法》第九条明确指出，两个以上的申请人分别就同样的发明创造申请专利的，专利权授予最先申请的人。因此，双方都有专利权证书，并不能成为不侵权的抗辩理由。

案例——应用利弊分析法找到最佳解决方案

一、纠纷基本情况

甲公司和AA公司为制造及销售女士箱包的企业，2019年甲公司就其公司自主研发的一款皮包申请了外观设计专利并推向市场。2021 年，甲公司发现 AA 公司门店销售同款皮包，其后，甲公司搜集相关证据并对 AA 公司提起外观设计专利侵权诉讼，主张 AA 公司停止侵权并赔偿 50 万元侵权损失。然而，AA 公司的涉诉皮包在 2020 年也申请了外观设计专利并在取得证书后推向市场，2021 年，AA 公司收到诉状后积极应诉，经双方同意进行了诉前调解。

二、调解过程和结果

广东调委会收到委派后迅速制定了处理方案。首先，根据甲公司提供的侵权指控材料，对涉嫌侵权产品进行了初步对比，确定涉嫌侵权的皮包整体外形、线条布局与甲公司皮包基本相同。随后，调解员与甲公司进行沟通，告知比对结果，并与甲公司探讨市场上出现相同商品的原因。经不断询问，甲公司告知调解员，该款皮包于 2018 年年初完成设计，为快速收回成本，甲公司于 2018 年 6 月将商品投放市场，产品上市后，受到各方好评，此后，甲公司才对该款皮包进行专利申请。得知该情况后，调解员告知甲公司，其产品在研发后但未申请专利的空档期投入了市场，会存在被同行复制以及因存在现有设计而导致其在后的外观设计专利新颖性的丧失等问题。另外，调解员与 AA 公司取得联系，征询其调解意愿，AA 公司工作人员指出，其公司的皮包虽然和涉案专利极为相似，却是公司独立设计的成果，并且也是专利产品，并非侵权，不承担赔偿责任，并表示即便自己公司的皮包与甲公司涉案专利相似，在自身没有主观恶意的情况下，不应该认定其公司侵权事实成立。针对AA公司工作人员这一认识误区，调解员做了耐心细致的讲解，告知其专利侵权和普通的民事侵权纠纷在责任归属方面并不完全相同，是否主观故意不是专利侵权行为的构成要件，在确定行为人的侵权责任时，对停止侵权责任适用无过错责任，而赔偿损失责任则按不同的场合分别适用过错责任和无过错责任。即只有符合“不知道”且“来源合法”时才能免除赔偿责任，但“为生产经营目的制造、许诺销售、销售、进口”的行为依然构成侵权，应承担停止侵害和消除影响的责任。此外，针对AA公司皮包也获得了外观设计专利的情况，调解员告知其专利侵权的判断标准以及专利申请日对专利权的影响等情况。最终，AA公司工作人员了解相关情况后，提出了赔偿金额，撤下了涉嫌侵权产品，并与专利权人达成了初步合作意向。

三、经验做法

本案中，调解员在明法析理的过程中，注重了解原被告双方主张背后的事实情况，在通过专业化的解释获取当事人的信任后，善用利弊分析法，引导当事人综合考虑多方因素，从而作出理性抉择来推动调解的成功。利弊分析法要求调解员不仅要考虑诉讼内利弊，还需要考虑诉讼外利弊，这需要调解员尽可能地了解当事人纠纷可能产生的各种后果，并通过对利弊的分析直观地给当事人提供参考，引导当事人通过冷静、理性的判断找出最佳解决方案。在本案调解过程中，调解员告知原告，因其在取得专利权之前就披露了产品，导致其专利权存在不稳定性的不利后果，分析了其主张有可能无法得到支持的风险。在权衡利弊之后，让原告降低了对赔偿金额的期望值，从而选择适当让步来解决争议；同时，调解员对被告的认识误区也进行了普法教育，从而使纠纷得到快速解决。

四、典型意义

社会公众普遍认为，民事侵权一般伴随主观恶意，明知他人拥有某项权利却依然实施不正当行为侵犯该权利，即“故意而为”，反之则不侵权。因此，实务中，被诉侵权人往往主张自己“不是故意”进行申辩。但在专利侵权中，判定某人是否应当承担侵权责任，并不需要其在作出侵权行为时“明知或应知”，即我们所谓的无过错归责原则。在知识产权领域，一般认为，侵权行为的归责原则实行无过错或者推定过错原则，即只要存在侵害事实，无须考虑行为人的主观过错，即可认定构成侵权。即在授予专利权之后，除非获得专利权人的许可，实施者就不能继续实施行为，否则就构成了侵犯专利权的行为。在这种情况下，即便很难认为行为人主观上存在过错，但是依照专利法的规定，其仍然要承担侵权责任。在确定侵权行为人是否需要承担赔偿责任的时候，可能需要考虑行为人的主观过错。对于制造和进口行为，即使行为人没有过错，只要存在损失，就应当承担赔偿责任；对于销售、使用行为，如果侵权行为人没有过错，并能证明其产品的合法来源，则可以免除赔偿责任；对于许诺销售行为，由于没有产生实际损失，则无论是否存在过错，也无须承担赔偿责任。[1] 此外，由于外观设计专利未经过实质审查，天然地具有不稳定性，容易造成权利人的主张无法得到支持。日常工作中，创新主体应注意，新的外观设计在没有申请专利之前不要提前披露，因为一旦在市场上公开销售，极有可能会因存在现有设计而丧失新颖性，导致专利权被宣告无效。

（本案例由陈小静撰稿）

---

[1] 四川典章律师事务所. 专利侵权行为的归责原则和构成要件［EB/OL］.［2023-10-06］. http://www.dz-lawfirm.com/business/22/33/rule-view/672.

第9问

是否可以在微信公众号使用著作权人的权属作品？

答 《著作权法》第五十三条第（一）项规定，除法律另有规定外，未经著作权人许可，复制、发行、表演、放映、广播、汇编、通过信息网络向公众传播其作品的，构成对著作权的侵害。因此，如果他人享有著作权，那么未经著作权人授权，在微信公众号中使用著作权人拥有著作财产权的图片，涉嫌侵害著作权人作品信息网络传播权。

案例——依法依规确定合理侵权赔偿金额

一、纠纷基本情况

原告北京某公司为图片生产商，多年来为个人和企业提供了大量原创素材，其诉称，被告广州某公司在未经许可的情况下，在微信公众号文章中使用原告拥有著作权的摄影作品，侵犯了原告对该作品享有的署名权、信息网络传播权，故诉至广州互联网法院，要求被告停止侵权，在其侵权网站显著位置公开赔礼道歉一个月，并赔偿经济损失 1 万元。2023 年 3 月 11 日，广州互联网法院委托广东调委会进行诉前调解。

二、调解过程和结果

广东调委会调解员接受该案件后，详细了解案件材料，与原被告双方通过电话、微信等方式了解到双方诉求。

原告称其于 2010 年 9 月将 1 万余件摄影作品在北京市

版权局进行了登记，提交了著作权登记证书，以及权利图片的属性信息截图，载有图片分辨率、照相机型号、光圈值等信息，而被告某公司在其经营的微信公众号文章中使用了其中一幅作品，作为其文章配图之一。原告称被告未经许可，擅自使用其著作权作品，损害了其对该作品享有的署名权、信息网络传播权，要求被告停止侵权，在其侵权网站显著位置公开赔礼道歉 1 个月，并赔偿经济损失 1 万元。调解员将其诉求告知被告，被告称自己只是在网络上随便下载的照片，而且已经在收到案件材料后的第一时间将该照片删除，对于原告声称已经进行了著作权登记并不知情，不构成侵权行为。

调解员先耐心地向被告解释了关于著作权的法律规定，将广州互联网法院审理的类似判例发给被告作为参考，并且综合考虑涉案作品的类型、独创性、创作成本，被告的侵权情节、主观过错，原告为制止侵权行为进行取证并聘请律师代为诉讼支付的维权费用等因素，出具调解方案，并就调解方案的内容多次与被告沟通，被告最终同意调解。调解员再次与原告沟通，原告经过认真斟酌，同样采纳了调解员给出的调解方案，最终原被告对于调解方案达成一致，双方以和解结案。

三、经验做法

调解员认为，本案中原告提交了涉案摄影作品的著作权登记证书、首次发表证据截图、图片属性截图等，形成了较完整的证据链，在被告未提交相反证据予以反驳的情况下，原告对涉案作品享有著作权。经比对，被诉侵权商品所使用的宣传图片与涉案作品一致。原告作品发表在先，被告有可能接触原告作品。被告未经授权，在其经营的网站传播原告享有权利的摄影作品，事实清楚，其侵害了原告依法享有的信息网络传播权。

《著作权法》第五十二条、第五十三条规定，对于侵害著作权的，著作权人可要求其承担停止侵害、消除影响、赔礼道歉、赔偿损失等民事责任。《著作权法》第五十四条规定，侵犯著作权或者与著作权有关的权利的，侵权人应当按照权利人因此受到的实际损失或者侵权人的违法所得给予赔偿；权利人的实际损失或者侵权人的违法所得难以计算的，可以参照该权利使用费给予赔偿。对故意侵犯著作权或者与著作权有关权利，情节严重的，可以按照上述方法确定数额的一倍以上五倍以下给予赔偿。权利人的实际损失、侵权人的违法所得、权利使用费难以计算的，由人民法院根据侵权行为的情节，判决给予五百元以上五百万元以下的赔偿。赔偿数额还应当包括权利人为制止侵权行为所支付的合理开支。

被告构成侵权，原告要求被告赔偿损失及维权合理开支的诉讼请求，于法有据。

四、典型意义

著作权法所称作品，是指文学、艺术和科学领域内，具有独创性并能以一定形式表现的智力成果，保护的是具有独创性的表达。而摄影作品是指借助器械在感光材料或者其他介质上记录客观物体形象的艺术作品。涉案权利图片在拍摄角度、构图设计、光线等方面均体现了个性化的选择和取舍，具有一定的独创性，也体现了一定的艺术美感，可以认定为摄影作品。《著作权法》第十条第（十二）项规定，信息网络传播权，即以有线或者无线方式向公众提供，使公众可以在其选定的时间和地点获得作品的权利。《最高人民法院关于审理侵害信息网络传播权民事纠纷案件适用法律若干问题的规定》第三条规定，网络用户、网络服务提供者未经许可，通过信息网络提供权利人享有信息网络传播权的作品、表演、录音录像制品，除法律、行政法规另有规定外，人民法院应当认定其构成侵害信息网络传播权行为。本案中，被告未经原告授权许可，擅自将涉案作品用于其运营的微信公众号文章中，使公众可以在其选定的时间和地点获得涉案作品，侵害了原告对涉案摄影作品享有的信息网络传播权，理应承担赔偿损失等侵权责任。

（本案例由刘西西撰稿）

第 10 问

第三方建网站的源代码涉嫌侵权，委托方承担责任吗？

答 公司作为网站经营者，如网站涉嫌侵权，公司需要承担相应法律责任。《计算机软件保护条例》第三十条规定：“软件的复制品持有人不知道也没有合理理由应当知道该软件是侵权复制品的，不承担赔偿责任；但是，应当停止使用、销毁该侵权复制品。如果停止使用并销毁该侵权复制品将给复制品使用人造成重大损失的，复制品使用人可以在向软件著作权人支付合理费用后继续使用。”由此可见，在计算机软件著作权侵权成立的情况下，公司如果能够提供合法来源证据，可以不承担赔偿责任。但需要注意的是，合法来源仅可免除赔偿责任，而非不构成侵权；合法来源抗辩成立，并不改变侵权行为的侵权性质，而维权合理开支系基于侵权行为而发生，故在合法来源抗辩成立的情况下，权利人为获得停止侵权救济的合理开支仍应得到支持。针对制止侵权行为所支付的合理开支金额的认定，一般应当包括权利人或者委托代理人对侵权行为进行的调查、取证等合理费用。

案例——“背靠背”调解，明法析理确定侵权赔偿责任

一、纠纷基本情况

原告是某企业建站系统软件的著作权人，已取得国家版权局颁发的《计算机软件著作权登记证书》。原告的建站系统软件提供了免费版本供用户使用，用户可通过《最终用户授权许可协议》获得相应的授权许可。用户必须遵守《最终用户授权许可协议》中的条款，才能复制、下载、安装或以其他方式使用该建站系统软件。用户在复制、修改、使用过程中，必须保留软件及网站页面底部处的有关原告的版权标识和链接，即必须标明网站所用软件的来源，保留原告的署

名与链接，否则授权将被终止，所被许可的权利将被收回，并将承担相应法律责任。后原告经调查发现，被告所属域名对应的网站在未获得原告授权许可的情形下擅自复制、修改、使用了原告的建站软件，且其修改源代码，删除、隐藏了《最终用户授权许可协议》要求保留的原告版权标识和链接。原告认为，被告的行为侵犯了原告依法享有的署名权、获得报酬权等多项著作权权利，故向广州知识产权法院提起计算机软件著作权侵权诉讼，要求被告停止侵权并赔偿原告经济损失。广州知识产权法院委派常驻律师调解员进行诉前调解。

二、调解过程和结果

调解初期，首次接触被告时了解到，其对原告的起诉感到困惑及非常不满。为避免陷入调解僵局，调解员决定采取“背靠背”调解方式，先与被告进行进一步的沟通。在沟通过程中，被告提出，其公司是付费委托第三方建站公司搭建的网站，怎么会是侵权的呢？即便侵权，为何不是第三方建站公司来直接承担赔偿责任？而且原告的软件版本向用户提供免费下载服务，为何还会涉及侵权？为有效化解当事人之间的矛盾纠纷，调解员搜集了类似案例判决书，通过明法析理、类案分析相结合的方式并与被告进行了深入谈话，对其疑问进行一一解答，让其清楚作为网站经营者对网站中涉及的侵权行为可能承担的法律责任，并引导其搜集合法来源证据以降低和解的赔偿数额。最终被告同意赔偿原告维权合理支出，双方达成和解。

三、经验做法

知识产权纠纷所涉及的法律法规一般都具有较强的专业性，这也导致了大多数当事人对自己所实施的行为的违法性认识不足，对法律后果的预见性也认识不足。这时候，运用明法析理法和类案分析法相结合的方式进行调解，往往能达到较好的调解效果。

在本案例涉及的相关法律法规释明过程中，被告就对《计算机软件保护条例》第三十条“软件的复制品持有人不知道也没有合理理由应当知道该软件是侵权复制品的，不承担赔偿责任”的规定存在疑问，法律规定中都明确了此情形不承担赔偿责任，为何其还需要赔偿原告维权合理支出的费用呢？为解答其疑惑，调解员深入讲解了《最高人民法院知识产权法庭裁判要旨（2019）》中关于合法来源抗辩成立时权利人维权合理开支承担问题的规定，并向被告展示了类案判决结果，最终让被告明白，合法来源抗辩成立，并不改变侵权行为的侵权性质，而维权合理开支系基于侵权行为而发生，故在合法来源抗辩成立的情况下，权利人为获得停止侵权救济的合理开支仍应得到赔偿。最终促使双方达成了和解。

四、典型意义

在计算机软件著作权侵权纠纷案件中，合法来源抗辩是被告经常使用的抗辩手段之一，其成立需要具备以下两个条件：一是侵权人主观善意，即软件复制品持有人不知道也没有合理理由应当知道该软件是侵权复制品；二是客观上有合法来源，即软件复制品持有人能够证明其复制品有合法来源。在调解过程中，积极引导被告提供符合法律规定的合法来源证据，可争取降低赔偿金额，有利于双方达成和解。

此外，随着科技进步，互联网技术被越来越多地运用到企业经营和管理活动中，企业经营中使用的软件也越来越多，涉嫌侵权的可能性就会越来越高。在调解过程中，通过明法析理，也可帮助被告企业提高知识产权法律意识和侵权风险防范意识，引导其了解构建和完善知识产权保护体系与秩序的重要性，对从源头上预防新的纠纷打下基础。

（本案例由马艳桃撰稿）

第11问

在中国售卖有国外授权专利的产品是否有侵权风险？

答 专利是具有地域性的，一般情况下，一个国家或地区所授予和保护的专利权仅在该国家或地区的范围内有效，在其他国家和地区不具有法律效力，专利权也不被确认与认可。因此，在中国申请的专利并在中国被授予专利权，只有侵权行为发生在中国境内，才可以依据《专利法》获得保护。而产品在其他国家被侵权，则需要向其他国家司法机关提起海外维权诉讼。若是要在其他国家申请专利，则可以通过专利合作协定（PCT）途径申请，也可以在其他国家直接申请。

案例——应用“茶文化调解法”调解售卖国外专利产品的侵权纠纷

一、纠纷基本情况

2023年初，潮州（餐具炊具）知识产权快速维权中心（以下简称中心）接到枫溪某卫浴企业（以下简称A公司）反映，该公司生产的一款坐便器被其邻厂某卫浴厂（以下简称B厂）生产的坐便器产品仿冒，并在市场上进行销售。双方产生争议，引发了侵权矛盾纠纷，请求中心协助调解处理。

二、调解过程和结果

调解员将潮汕茶文化做事方法讲究的文化、精神、礼仪内涵融入本案的调解工作中，分步骤有条不紊、水到渠成地化解了当事人间的纠纷，最终化干戈为玉帛，充分体现了人民调解工作和当地风土人情相结合的特色。“茶文化调解法”

总共分六步，第一步是“识茶”，甄别矛盾。接受案件委托后，中心组织调解员对案情进行分析研究，并积极联系B厂负责人，充分听取B厂的陈述申辩，对基本情况进行了解，从中找出二者纠纷的矛盾关键点。经了解，B厂此前曾与A公司有过合作，后期因A公司许可费问题停止合作。后韩国某公司授权其在中国市场售卖相关坐便器产品，且该韩国公司也拥有与A公司专利产品外观相同的韩国专利。调解员认为矛盾关键点在于甄别二者专利效力问题。第二步是“醒茶”，追根溯源。调解员向A公司进一步了解得知，之前A公司与该韩国公司有业务合作，韩国公司进口A公司的坐便器在韩国市场进行销售，之后未与A公司说明，便使用A公司的产品申请了韩国专利，并和A公司停止了合作。第三步是“泡茶”，公平公正。调解员以中立第三方的角度切入调解，不偏袒任何一方，始终坚持以公平公正原则处理纠纷。调解员认为本案有调解的可能，于是联系当事人双方到中心调解室进行调解，先请双方面对面相互交谈一番。第四步是“斟茶”，把握分寸。B厂负责人起初情绪颇为激动，坚称其自家产品没有侵权，有正规的专利许可销售合同，并出示了韩国方的专利证书。A公司代表也拿出了自己的专利证书，并称其专利申请和公布公告时间均在韩国方的专利之前，自己的权利应当得到支持和保护。针对双方的矛盾，调解员“泡上工夫茶”，使双方情绪都有所缓解，在双方冷静下来后向双方明法析理，重拾分寸。根据《专利法》有关规定，调解员先向A公司解释了专利具有地域性，在中国申请的专利的保护范围仅限于中国境内，若是要在国外也产生保护效力，需要通过PCT途径或者直接向目标国申请专利。同时，现阶段韩国公司的专利在韩国境内仍为有效专利，其授权B厂生产销售相关产品合法合理，B厂主观上应无侵犯A公司专利权的故意。若要在韩国主张权利，应向韩国的法院或专利局申请该韩国公司专利无效。调解员告知B厂，A公司的专利是有效专利，其专利权在国内受专利法保护，任何企业和个人在国内销售与其专利相同或者相似的产品均侵犯了A公司的外观设计专利权，故B厂应当停止在国内市场销售涉案产品。第五步是“敬茶”，以礼相待。调解员敬上一杯又一杯暖心热茶，在茶香氤氲中，调解员再次谈及双方之前合作时如何携手共同渡过难关、互利共赢。再者，两公司比邻而建，双方整日低头不见抬头见，倒不如各退一步，握手言和，A公司免去B厂的赔偿责任，B厂在约定时间内销售处理完国内库存产品，将所获利润适当补偿给A公司，并将相关产品模具退回给韩国公司。第六步是“悟茶”，纾解心结。在调解员的主持下，双方自愿接受调解，并当场探讨签订协议：第一，B厂承认在国内销售该产品侵犯了A公司的专利权；第二，B厂在与A公司约定时间内销售处理完国内库存产品，并将模具退回给韩国公司，保证约定日期后不再生产销售同一侵权产品；第三，A公司不再以同一事由追究B厂的侵权赔偿责任，但在约定日期后，如仍在国内市场上发现B厂有生产销售侵权产品的行为，则保留追究B厂侵权责任的诉讼权利。

在调解员的继续调和下，双方表示在处理好韩国公司的事情后，将考虑重新建立合作关系。

三、经验做法

由于纠纷双方都是本地人，本案调解工作从潮州人“宁可三日无食，不可一日无茶”的生活习惯入手，以茶为媒，创新运用六步“茶文化调解法”开展调解工作，成功化解了这起知识产权侵权纠纷案件。“茶文化调解法”的第一步“识茶”，需要甄别案件矛盾，在这一步中，调解员对案情和双方基本情况进行了解，找出了二者纠纷的矛盾关键点；第二步“醒茶”，追溯了双方矛盾的渊源，为下一步从合适的角度切入案情做了充足准备；第三步“泡茶”，保证调解过程对双方当事人都公平公正；第四步“斟茶”，面对双方当事人的情绪，释法明理，把握分寸，做到让双方都能在理智和法律的框架下重新审视问题并接受解决方案；第五步“敬茶”，以礼相待，实现双方合理解决纠纷；第六步“悟茶”，纾解了双方的心结，并且使双方达成合作，互利共赢。

四、典型意义

此类卫浴相关外观设计专利的纠纷案件是广东地区众多专利侵权纠纷案件中的一个缩影，且本案例涉及外国专利和外国专利的效力问题，更显专业性、法律性及复杂性，要求调解员对相关法律政策有较深的了解。调解员通过采用六步“茶文化调解法”，巧妙地将业务素养硬实力和潮州文化软实力有效结合起来，凭借地区的亲缘纽带以及特色产业的集聚效应，以及当事人可能有合作关系或亲缘关系，互有关联，邀请当事人齐聚一堂，边泡茶敬茶，边普法讲情，共同商讨出合适的调解方案。同时也能在调解案件时提升当事人的知识产权保护水平，通过当事人之间的口口相传和关系纽带相互影响，普及诚信的风气与守法维权的意识，久而久之便能创造出良好的营商环境，推动经济实现高质量发展。

（本案例由余翀撰稿）

第 12 问

电商平台卖家被起诉专利侵权怎么办？

答　根据《专利法》第六十五条，未经专利权人许可，实施其专利，即侵犯其专利权，引起纠纷的，由当事人协商解决；不愿协商或者协商不成的，专利权人或者利害关系人可以向人民法院起诉，也可以请求管理专利工作的部门处理。管理专利工作的部门处理时，认定侵权行为成立的，可以责令侵权人立即停止侵权行为，当事人不服的，可以自收到处理通知之日起十五日内依照《中华人民共和国行政诉讼法》向人民法院起诉；侵权人期满不起诉又不停止侵权行为的，管理专利工作的部门可以申请人民法院强制执行。进行处理的管理专利工作的部门应当事人的请求，可以就侵犯专利权的赔偿数额进行调解；调解不成的，当事人可以依照《中华人民共和国民事诉讼法》向人民法院起诉。

案例——发挥在线平台优势，找准突破点解决系列案

一、纠纷基本情况

蔡某向国家知识产权局申请了“安全锤”的实用新型和外观设计专利，并获得授权。蔡某经调查发现，广州、佛山两地多个商家未经其许可，擅自销售与涉案专利技术特征相同、外观相似的产品，使其销售量骤减，造成一定的损失。蔡某立刻向广州知识产权法院起诉广州某汽车用品公司、佛山某电子商务有限公司等，要求其停止相应侵权行为及承担赔偿损失与合理费用的法律责任。

广东调委会受广州某法院诉前委派，运用“广东法院诉讼服务网管理平台”（以下简称诉调对接平台）各项功能开展该纠纷涉及的 10 个案件的线上调解工作。调解员在线审阅相关材料（专利权评价报告、公证书等），初步掌握了案件的整体情况。调解组成员运用各自的业务知识和调解技巧，从不同角度对案件进行分析，并结合广东调委会和法院同类案件的调解结果，研究制定调解方案。

二、调解过程和结果

（一）在线调解消疑虑，调解更便利

蔡某位于深圳，涉案多个商家分别位于广州、佛山两地。在调解初期，当事人对调解机构和调解员身份表示怀疑，且在新冠疫情时期不愿意跑动，调解组耐心地向当事人介绍和指导其使用诉调对接平台，一方面，解决了当事人不信任的问题，另一方面，在线沟通联系打破了空间的限制，为开展调解带来了便利。

（二）重视分析研判，调解有突破

调解组通过分析研判来寻找调解的突破口，终于发现这一系列侵权案件的涉案商家中，有两个商家的实际负责人是同一人 P 某，同时了解到 P 某也认识其余涉案商家，且相互之间关系不错。调解组决定以 P 某为突破口开展调解工作。

（三）减少双方矛盾，调解有进展

P 某开始辩称对侵权不知情，其行为不构成侵权时，调解员耐心地向其阐法释理，讲解专利权的排他性以及知识产权侵权的法律后果，使 P 某心理逐渐发生了变化，主动下架了侵权产品，表达了名下的公司并非生产者，愿意积极配合

调解工作的想法。P某还说服涉案的其他商家，向蔡某提供详细的侵权产品的来源信息。考虑到原赔偿金额较大，调解员劝说蔡某充分考虑P某等人在新冠疫情下的经营情况，希望其作出让步。

（四）系列案得解决，纷争变合作

2021年7月，蔡某同意调解方案，以合理的金额与所有商家达成和解，撤销了共10个案件的起诉。调解员通过诉调对接平台对调解过程进行记录，保存了调解协议、撤诉申请等案件材料，形成了完整的电子案件档案。案件结束后，涉案的商家希望与蔡某沟通供货事宜，蔡某也肯定了调解组的工作，表示本次纠纷的解决为其后续寻找生产商、防止纠纷起了积极的推动作用。

三、经验做法

（一）完善案件处理机制，提高调解的质量和效率

广东调委会建立完善重大疑难纠纷案件分析研判制度，定期上报工作情况及典型案例，开展多部门联合协商分析研判，推进重大疑难纠纷和潜在风险及时化解。在调解进入僵局时，调解员及时联系法院，联合协商分析研判，寻找案件

的突破点，调解员最终给出双方都感到满意的方案，促成双方和解。

（二）发挥在线调解优势，一揽子化解纠纷

系列案件通过诉调对接平台实现了纠纷证据材料电子化，调解员获取案件信息更加快捷、便利。调解员运用企业信息查询工具分析涉案商家信息，最终找到实际的负责人，并从中选取了涉案商家中相互熟悉、相互认可及在群体中有一定话语权的相关人员作为调解的代表，最终促成多方签订了一揽子和解协议。

四、典型意义

本案为知识产权系列案件，调解员通过分析研判，寻找调解的突破口，并充分利用了诉调对接平台的优势，最终批量调解成功，达到了“调解一件，化解一批”的良好社会效果。原告方以诉前调解的方式实现了自身的诉讼目的，从而用最低成本维护了自身权益；被告则以最便捷的方式解决了纠纷，维护了自身的商业信誉。批量调解同时也提高了案件的解纷效率，减轻了法院审判一线法官办案压力，为知识产权保护提速护航。

（本案例由麦雪华撰稿）

第 13 问

在 KTV 点播未经授权的歌曲是否侵权?

答 《著作权法》所指的作品是指文学、艺术和科学领域内具有独创性并能以一定形式表现的智力成果，歌曲属于著作权保护的作品范围，著作权人的知识产权受法律保护，未经授权不得用于经营牟利，侵权行为应当根据情况，承担停止侵害、消除影响、赔礼道歉、赔偿损失等民事责任。KTV、音乐会所经营者应当增强知识产权和守法经营意识，避免产生侵权行为，更好地发挥作用，促进文化市场繁荣和满足人民群众多元文化需求。

案例——法中融情，调解满足双方诉求

一、纠纷基本情况

2020年6月，原告某文化传媒有限公司打造了一档音乐节目，在国内有较大的影响力。广州市某娱乐有限责任公司是一家位于广州市黄埔区的卡拉OK经营商，未经原告许可，以营利为目的，擅自在其营业场所的点唱机中收录原告上述涉案节目的104首歌曲作品，原告认为被告违反了《著作权法》第十条规定，侵犯了原告的复制权、放映权，并给原告造成了严重的经济损失。原告请求法院判令被告立即停止播放、删除侵权歌曲并赔偿经济损失。

二、调解过程和结果

广东调委会接受法院委派后，立即选调具备相关专业能力、调解经验丰富的调解员，审阅案件材料，制定调解方案。调委会充分发挥调解的优势，找到对涉诉的双方企业经营影

响最小的解决途径，提出合理的赔偿标准，并形成调解方案，最终于 7 月 15 日调解成功并引导当事人进行司法确认，从而实现诉争双方利益的最大化，为维护市场秩序的稳定、社会经济的健康发展保驾护航。

三、经验做法

（一）普法晓以利害，坚持公开公平公信

在调解过程中，调解员始终本着公开、公平、公信的原则，将矛盾纠纷一一化解。一方面对被告宣传讲解国家现行相关法律的规定，进行普法教育。另一方面介绍我国目前知识产权保护的政策走向。随着知识产权保护力度不断加大，国家陆续出台了相关政策。2020 年 11 月 24 日，中共中央办公厅、国务院办公厅印发的《关于强化知识产权保护的意见》正式公布，提出要加大侵权假冒行为惩戒力度，加快在专利、著作权等领域引入侵权惩罚性赔偿制度，大幅提高侵权法定赔偿额上限，加大损害赔偿力度。因此此案如进入诉讼阶段，不仅耗时长，而且法院判决被告赔偿的力度比以往更大。

（二）坚持依法调解，贯穿以德感化

调解员在与原告沟通过程中，既坚持依法调解，又贯穿以德感化。让原告了解到被告主动提出愿意承担侵权责任，态度良好，但因新冠疫情影响，已经好几个月没有开门做生意，一直都是入不敷出，经营困难。通过不断做思想工作，动之以情，晓之以理，原告最终同意降低赔偿标准。最终双方当事人对赔偿数额基本达成一致，原告打破惯例，允许被告分三期支付，既照顾到被告的经营情况，又满足原告的基本诉求。

四、典型意义

目前涉案的卡拉 OK 大多是经营规模小、经济实力弱、盈利水平低的商家，知识产权保护意识淡薄。一旦因歌曲曲库侵权而引发权利人诉讼，未缴纳版权费的话，权利人一定会追究侵权责任。而且如果证据链条没有纰漏，权利人基本都会胜诉，因此，此案调解的关键点在于赔偿的数额，如何制定出一个让原被告都满意的调解方案，是本案调解成功的关键。本案中，在沟通赔偿数额进入僵局时，调解员及时联系法院，联合相关审判人员协商分析研判，寻找案件的突破点，最终在双方的努力下，引用最新的类似案件的判例结果

和法条，使调解双方同意继续调解，被告从原来的200元/首赔偿额度同意增加到300元/首，原告方也退一步降低赔偿要求，最终促成双方达成调解。

疫情无情人有情，面对新冠疫情防控期间发生的纠纷，广东调委会以最大限度减少企业负担为原则，秉持宽容、多渠道、多方式的处理模式，汇聚多方力量，协同合作。通过调解方式促成双方和解，能够减轻当事人现实资金压力，有助于企业复工复产，营造良好健康的营商环境。

（本案例由麦雪华撰稿）

第 14 问

销售侵权产品，是否会因法不责众而不用承担责任？

答 《专利法》第十一条规定，外观设计专利权被授予后，任何单位或者个人未经专利权人许可，都不得实施其专利，即不得为生产经营目的制造、许诺销售、销售、进口其外观设计专利产品。法治社会中，法律是保护公民权利和维护社会秩序的基础，任何人都必须遵守法律，与违法者人数多少无关，任何违反法律的行为都必须受到法律的制裁和处罚。因销售的产品侵害知识产权进行诉讼的，一般情况下法院会适当支持原告的合理赔偿诉求，若被告自身不符合合法来源抗辩、现有技术抗辩或其他抗辩理由，应尽快与原告协商调解，重点可放在如何降低赔偿金额方面。

案例——抛开表象看实质，巧妙化解“批量维权”诉讼案件

一、纠纷基本情况

原告是某件“手机支架”外观设计专利的专利权人，经由国家知识产权局做出专利权评价报告，该专利未发现存在不符合授予专利权条件的缺陷。2022 年，原告经调查发现，汕头澄海多个商家未经其许可，擅自销售与涉案专利技术特征相同、外观相似的产品，使自己的销售量骤减，给自己造成一定的损失，遂向广州知识产权法院提起民事诉讼，要求相关侵权责任人停止侵权行为及承担赔偿损失。广州知识产权法院委托广东调委会进行诉前调解。

二、调解过程和结果

原告位于广东省外，涉案的十余名商家均位于广东汕头

澄海区，经营方式均为在电商平台开设商铺。调解初期，调解员针对不同当事人进行背靠背调解，一方面，与原告进行多轮沟通，原告表示汕头为侵权重灾区，不仅不愿降低赔偿额度，且希望通过杀一儆百的方式维护其合法权益，达到肃清市场、震慑同行、维护自身品牌设计知识产权的目的。另一方面，在确认商家侵权事实确凿后，调解员分别与涉案的十余名商家展开沟通，当事人关于调解的意愿各不相同，有些认为该产品辨识度不高，类似产品市场上有很多，大家都在卖的东西，凭什么自己不能卖呢？有些认为身边很多商家都在卖同样的产品，原告管不过来，即使自己被起诉到法院，法不责众，自己也没有过错；有些认为自己仅仅是销售商，产品不是自己制造的，产品侵权与自己无关，不应承担侵权责任；有些则在调解员的释法和引导下，认识到自己有侵权行为，但因赔偿金额而左右摇摆。调解员认为大多数被告商家均存在知识产权意识薄弱的情况，也存在较大的互相观望的从众心理和期待法不责众的侥幸心理，需要根据不同情况进行引导和沟通。针对上述情况，调解员仔细梳理，针对法理不明的当事人，耐心讲解，明法析理，并尝试平衡多方利益。经过反复沟通，调解员发现涉案的多个商家不仅在一个区，甚至就生活在相邻的镇区，经进一步了解，这几个当事人确认相互认识，且关系不错。调解员决定选择其中摇摆不定的商家作为突破口进行说服，经过调解员的不断努力，对该名当事人开展利弊分析，终于解除了当事人心里的顾虑，主动下架侵权产品，并积极配合调解工作。与此同时，原告也在调解员的进一步劝说下作出让步，降低赔偿金额，达成了该案的和解。随后，处于观望方的其他商家，在调解员的积极引导下，也陆续与原告签署了和解协议，该系列案件最终达成 13 宗和解。

三、经验做法

本侵权案件的数个被告中，总会有“意志坚定者”，也会有“摇摆不定者”，调解员在沟通中，要善于发现每个当事人的个性特点，掌握当事人心态变化，聚焦对方的关注点进行突破，此时，只要能让“摇摆不定者”认识到侵权行为的性质以及和解的优势，说服其与原告达成调解，往往能够发挥示范效应，促成整个系列案件的调解。

四、典型意义

知识产权纠纷案件中不乏“批量维权”诉讼，权利人就同类型的案件在相对集中的时间针对多个不同的当事人进行诉讼，甚至在全国各地多家法院进行诉讼，且起诉金额不超过 10 万元，被告方多为中小型企业甚至个人或者个体工商户。尤其是专利侵权诉讼，时常有系列案件的发生，且特征明显，往往同一个原告，与不同被告之间有着千丝万缕的关系，有的是相互认识的同行，甚至是同一区域的同行。调与不调，何去何从？通常被告之间也会互相观望。此时，类案分析法在知识产权纠纷调解中发挥作用尤为重要，对于已有在先裁判的同类型案件，调解员可以通过在先案例与本案进行对比，以鲜活的实例让当事人对诉讼结果有更直观的认识和判断，或就个案进行突破，通过示范效应，促使当事人形成合理的诉讼预期，往往能达到好的调解效果。本案中，调解员致力于发现多名被告之间的关系，进而找到调解工作的切入口，成功激发“羊群效应”，从而促成系列案件的成功调解。

（本案例由陈小静撰稿）

第15问

在侵权产品上贴附商标，是否应当承担制造者的责任？

答 在知识产权侵权纠纷案件中，合法来源抗辩是被告经常使用的抗辩手段之一。一般来说，主张合法来源抗辩的一方会通过提供相关进货凭证来证明合法取得被诉侵权产品的事实。但如果在销售过程中，在被诉侵权产品上贴附了自己的商标，其行为性质与普通销售者的销售行为相比就产生了实质变化，其合法来源抗辩存在不被支持甚至还要承担制造者责任的风险。在目前的司法实践中，主要存在两种观点：一种观点认为，在被诉侵权产品上贴附了自己商标的侵权人，即使仅实施了销售行为而并未实施实际制造行为，亦应当承担制造者的责任；另一种观点认为，可以通过贴牌信息初步证明制造者，但需结合全案证据，确认是否应当承担产品制造者的法律责任。

案例——寻找争议焦点，促成利益平衡方案

一、纠纷基本情况

原告是某件“手机桌面支架”外观专利的专利权人，经由国家知识产权局做出专利权评价报告，该专利未发现存在不符合授予专利权条件的缺陷。2022年，原告发现被告未经许可，擅自生产、销售与原告外观设计专利权相同的产品。通过公证取证，原告发现在被告的电商平台店铺购买的手机支架外包装贴附有被告的注册商标，手机支架与原告外观设计专利权相同，故起诉至广州知识产权法院，要求停止侵权并赔偿原告经济损失。广州知识产权法院委派常驻律师调解员进行诉前调解。

二、调解过程和结果

调解初期，调解员通过组建微信群，组织双方对案件发表各自的意见。其间，被告表示其不存在生产、制造行为，其仅是通过电商店铺购进了一批手机桌面支架再进行销售，具有合法来源，只同意赔偿原告合理维权支出3000～5000元。对此，原告提出了异议，认为根据原告提交的公证书内容显示，在被告的电商平台店铺购买到的手机支架贴附了被告商标，可证明被告就是制造者，应承担制造者责任，不认可被告的合法来源。

很明显，双方争议的焦点在于，被告在被诉侵权产品上贴附了自己的商标，是否应当承担制造者的责任。为有效化解双方的矛盾纠纷，调解员通过分析类似案例判决书向双方指出，在目前的司法实践中，对于“在被诉侵权产品上贴附了自己商标的侵权人，是否应当承担制造者的责任”这一问题主要存在两种观点：一种观点认为在被诉侵权产品上贴附了自己商标的侵权人，即使仅实施了销售行为而并未实施实际制造行为，亦应当承担制造者的责任；另一种观点认为可以通过贴牌信息初步证明制造者，但需结合全案证据确认是否应当承担产品制造者的法律责任。因此，被告在被诉侵权产品上贴附自己商标的行为，即使仅实施了销售行为而并未实施实际制造行为，也是存在要承担制造者的责任的风险。但被告并不存在实际制造行为，即便有承担制造者责任的风险，其判赔金额必然与实施实际制造行为的厂家有较大区别。

在调解过程中，调解员始终保持客观中立的立场、不偏袒任何一方，这也成功获得了原被告双方的信任。有了信任基础，双方对调解员给出的建议及和解方案也更容易接受。最终原被告双方经过权衡利弊，都各退一步达成了和解。

三、经验做法

首先，案件调解过程中，调解员应注重建立冲突双方对调解员的信任。信任是解决冲突的一个关键因素，当事人对调解员有了信任基础，才会愿意向调解员充分表达自己的需求和想法，也才更容易接受调解员对案件的有关分析和建议。而建立信任并不是简单地亮明调解员身份就能实现的，需要调解员在与当事人的接触中时刻注意自己的言行，不偏不倚，客观中立。

其次，调解中常常会遇到当事人听信不完全了解案情的他人说辞，或存在自我偏见，对裁判结果怀有一种不切实际的乐观。比如，认为自己只是销售，产品侵权的话应该由厂家担责，与其无关；再比如，认为只是销售了几件产品，最多就赔几百块。此时，调解员应通过明法析理、类案分析等方法引导当事人作出正确的判断。

最后，对于诉讼结果存在较大不确定性的案件调解，更需要通过类案分析、利弊分析等专业分析方法指出各方的说法存在的合理性、裁判结果的不确定性，使其认识到诉讼结果并非一定对其有利，而是处于一个不确定的状态。最终引导双方当事人理性作出判断，在可接受范围内各退一步，达成和解。本案中，被告一开始也是十分坚定地认为自己只是销售，且有合法来源，最多就赔几千元。当其看到最高人民法院作出的类似案件判决书中有明确写着“在被诉侵权产品上贴附了自己商标的侵权人，即使仅实施了销售行为而并未实施实际制造行为，亦应当承担制造者的责任”时，担心对结果失去控制的心理就发生了作用，最终也愿意作出较大的让步来达成和解。

四、典型意义

本案调解过程中，调解员首先归纳了双方的争议焦点，并通过类案分析、利弊分析等方法引导当事人作出适当的让步，从而达成和解，最大限度地满足了双方当事人的合理诉求。

相较于其他类型的民事案件，知识产权案件的诉讼结果具有更多的复杂性和影响因素，这也导致了有些争议性的知识产权案件在侵权认定，尤其是赔偿金额的结果上存在较大的不确定性。对于争议不大的案件，双方协商的空间比较有限，而争议比较大的案件，可以协商的空间反而更大。调解的实质其实就是要纠纷各方相互让步，达到一个双方都能接受的平衡点。调解中，能协助双方找到这个平衡点，那么就可以快速确定和解方案并解决纠纷。

（本案例由马艳桃撰稿）

第 16 问

什么是“避风港原则”？适用该原则有例外吗？

答 在互联网发展初期，为平衡著作权人、使用者、网络服务提供商、受众等各方利益，1998 年美国制定的《数字千年版权法案》确立了“避风港原则”，即在发生著作权侵权案件时，当网络服务提供商只提供空间存储服务，并不制作网页内容，一旦被告知侵权，则有删除的义务，否则就被视为侵权。后来该原则被我国的《信息网络传播权保护条例》吸收和利用。该条例详细构建了一套完善的“通知-删除-转送-反通知-恢复”的信息网络传播权侵权处理流程，同时也引入了“避风港原则”的例外“红旗标准”——网络服务提供者在“知道”或“应当知道”上传者提供的作品侵权的情况下，未主动删除或断开链接的，仍构成侵权。

案例——著作权侵权争议综合考虑双方情况确定适用法律和赔偿金额

一、纠纷基本情况

本系列案涉及的是音乐作品的信息网络传播权。原告为业内知名影音公司，对多首脍炙人口的音乐作品享有著作权；被告是一综合视频平台的运营方。原告发现，被告运营平台上的视频使用了原告享有著作权的音乐作品且该使用未经原告授权，原告遂固定该证据，并向被告邮寄了律师函。后原告向法院提起著作权侵权诉讼，请求法院判令被告停止侵权并就其 10 项侵权行为赔偿总计 10 万元。2021 年 3 月 18 日，广州互联网法院委派广东调委会进行诉前调解。

二、调解过程和结果

初始，原告的调解意愿较低，更希望法院对本系列案判决。经过调委会与原告的深入沟通，向原告释明调解的优势——更节省人力财力、缩短争议解决时间，如有需要还可以对调解协议进行司法确认以达到强制执行目的等。原告最终同意对本系列案进行调解。

被告在收到原告的诉状及证据后，表示愿意进行调解，并告知已经将涉案 10 条视频做删除链接处理。这 10 条视频中，有 6 条由第三方发布，被告能够提供第三方的信息，被告认为对于该 6 条视频可以适用“避风港原则”；对于剩余 4 条无法确认上传方信息的视频，被告提出每个链接赔偿 1000 元。同时，被告提供了前述第三方的信息。

原告核实了被告提交的信息后，表示不能接受被告的争辩理由以及赔偿方案。原告认为，被告不仅仅是网络服务提供商，也是网络内容提供商，对于自己平台上的内容应当负有审查义务。并且，被告与上传视频的第三方签有合作协议，在协议中约定了双方的内容授权方式和合作费用模式，即被告直接从第三方提供的内容中获得经济利益，应当对该侵权行为负有较高的注意义务，不应当适用“避风港原则”。原告坚持被告对涉案的 10 条视频均负有赔偿责任。除此之外，原告也提供了数个己方获胜的在先案例，对自己提出的赔偿金额予以支持。

经沟通，被告认为，被告通过第三方上传的 6 条视频获利极低，被告只愿意为这 6 条视频支付少量赔偿款；对于剩余 4 条视频，被告愿意适当提高赔偿金额。

至此，原被告双方对于案件事实基本予以确认，更多的分歧在于赔偿金额。原告秉持的观点是，涉案的音乐作品传唱度高、影响力大，并且法院有判赔额较高的在先判决。被告则认为，因涉案视频点击率并不高，他们由此实际获得的利润极少，而且既然进入调解流程原告应该对赔偿金额有所让步。经过双方多轮磋商，在讨论过付款方式、付款时间之后，原被告最终以 1.1 万元的金额对 10 个案件和解。

在双方签署调解协议后，被告迟迟未支付相应的对价，原告遂请求调解员给予帮助。调解员与被告方的联系人沟通后，得知被告方负责本案的联系人恰逢离职，并且被告内部流程冗长，导致被告付款迟滞。并且原告在此期间进行了企业名称变更，给被告付款带来了一定的不确定性。后来被告指定了新联系人并与调解员取得联系。经过调解员多轮沟通，被告在调解协议签署两个多月后方完成付款，原告也及时提供了收据，向法院撤诉，并因拿到相应的调解款而未引起更多争端。

三、经验做法

在本案中，双方争点集中于网络服务提供者的责任以及“避风港原则”的适用上。《著作权法》第十条第（十二）项规定了著作权中的信息网络传播权，即以有线或者无线方式向公众提供，使公众可以在其选定的时间和地点获得作品的权利。《信息网络传播权保护条例》（以下简称《条例》）和《最高人民法院关于审理侵害信息网络传播权民事纠纷案件适用法律若干问题的规定》（以下简称信息网络传播权司法解释）对信息网络传播权做了进一步的规定。

信息网络传播权司法解释在“避风港原则”及其例外“红旗标准”的基础上，对新出现的网络平台行为与侵权责任的承担做出了更具有操作性的规定，特别是对于网络服务提供商在不同情况下的注意义务进行了详细的阐释。

在涉及平台的信息网络传播权侵权案件中，被诉的网络服务提供商通常援引“避风港原则”来降低自身应承担的法律责任，这给作品权利人带来了更高的维权成本，造成了更大的维权阻碍。在适用该原则时，应当严格按照法律法规及司法解释进行判断，避免对该原则的滥用。

本案为著作权领域常见的批量维权案，也是典型的音乐作品著作权平台侵权纠纷案件。一般来说，此类案件的事实清晰且当事人双方对于案件事实没有多少争议，更多的争议点存在于法律适用以及赔偿金额上。应当注意的是调解员并非法官，虽然应当对法律适用有内心确认，但在与原被告沟通过程中，应避免扮演居中裁判的角色。可以考虑结合双方的商业地位以及角色，具体问题具体分析。例如本案中的被告为大集团运营的平台方，其内部付款流程较为烦琐冗长，当原告可以接受较长的付款时间时，被告能够接受更高一点的赔偿额。另外，在调解协议签署后，调解员及时跟进双方当事人履约情况并对未履约方进行敦促，也能更好地促进纠纷化解。

四、典型意义

本案起诉人是音乐作品的著作权人，提交了唱片封面等证据用于证明其拥有著作权；被起诉人为国内知名的视频聚合平台。在案件调解过程中，双方当事人各有主张且提交了相应的证据。双方争议的焦点为著作权中“避风港原则”适用的情形，这也是本类案件中的核心焦点。经过逐步调解，双方当事人经过充分的意见交流，最终达成一致意见，定分止争，使纠纷在诉讼前得到解决。在协议的履行过程中，调解员及时与双方当事人沟通协助双方履约，这对于纠纷解决也很有帮助，能够避免因出现履约瑕疵而导致新的纠纷。

（本案例由李俏撰稿）

第 17 问

专利代理合同有哪些注意要点？

答 《专利代理合同》是委托人将其研发的技术成果委托专利代理机构代为撰写专利申请书并且代为向国家知识产权局申请专利的合同。审查《专利代理合同》具体内容前应重点审查拟合作的专利代理机构的主体资格。包括为委托人服务的专利代理人是否具备专利代理资质、专利代理机构近三年的代理情况、代理量、授权量、授权率驳回情况等。审查《专利代理合同》时应重点关注专利代理费及收费方式、违约责任是否合理、服务时限，同时注意不要设置排他性合作条款，还应注意是否设置了保密条款、合同解除条款等。

案例——厘清利益关系，为当事人增加调解止纷的信心

一、纠纷基本情况

原告江门某公司诉称，2017 年，其与被告某教育科技公司签订了《知识产权申请委托合同》，约定由原告代理被告 10 件实用新型专利和 10 件发明专利申请，并约定该代理事项前期不收取代理费用，但针对这些专利申请向相关部门申请资助后获得的专利申请阶段的资助款归原告所有，作为代理费用。合同签订后，经与被告最终确认，原告为被告提供了 10 件发明专利的申请，还依合同约定，为上述专利申请向相关部门办理了发明专利申请资助。被告于 2018 年 12 月至 2019 年 1 月期间收到了上述专利申请资助费合计 3.4 万元。根据合同约定，被告收到资助款后，应将收到的资助款全额支付给原告作为代理费用。但被告经原告多次催付，仍不予支付。原告向广州知识产权法院提出诉讼请求。2022 年，广东调委会接受广州知识产权法院委托，调解该案件。

二、调解过程和结果

接到调解工作后，调解员首先仔细审阅，研究了案卷材料并积极与原告、被告进行沟通，充分了解双方的调解意向以便开展调解工作。

经了解，原告还在广州知识产权法院立了另一个合同纠纷案，被告为一个信息技术公司，涉案合同款为 1 万元。该公司和本案被告的法定代表人虽不同，但两被告联系人相同，纠纷类型和事实相同，故调解员建议两个案件合并调解。原告认为从 2019 年至今已历时近三年，被告依然不肯支付合同款，说明即使调解也不能追回相关款项。而被告认为申请资助的行为是原告的自作主张，被告不知情且无义务支付相关费用。为此，调解员对原告分析了当前由第三方中立机构进行调解，达成的协议也有调节机构盖章，若有需要，还可以对调解结果进行司法确认，对执行更有保证，增加原告的信心。对被告则分析了申请资助过程需要提供的相关证明材料均需被告配合，例如需要用到被告盖有公章的委托书等材料，难以证明被告不知情；并从合同内相关条款及法律层面分析事实，最终双方同意两案一并调解。

调解过程中，被告希望原告可以在原合同款的基础上给予折扣，经调解，双方同意以原合同款的九折作为调解的赔偿款。拟好调解协议后，被告联系人以身体不适正在住院为由，拒绝接电话，拒绝以任何沟通方式对调解协议作确认，拖延时间。原告认为自己对被告太宽容，要求结束调解。调解员通过多次沟通与咨询，联系上被告的另一位联系人。该新的联系人称“九折”的协议是之前那位联系人决定的，她完全不知情，要求赔偿款为原合同款的八折。对于被告此种操作，原告很愤怒，表示这是一个无底洞，要求停止调解，避免被告得寸进尺。并且原告早在2020年的时候便给被告开出了3.4万元和1万元的发票。被告的不诚信以及一次次地违反契约精神导致原告对调解完全失去了信心。为了促成调解，调解员告知原告可让被告开具相应数额的红字发票，并说明通过调解的方式解决纠纷可最大限度地缩短赔偿款支付的执行期。调解员向被告建议，其可承诺，一旦原告同意该方案，在签订协议当天支付赔偿款，以增加原告对此两案件可通过调解解决的信心。后原被告双方均同意以和解方式解决两案，和解金额为原合同额的八折，被告在调解协议签订当天支付和解款，原告在收到款项当天撤诉。

三、经验做法

知识产权纠纷调解，要善于聆听纠纷双方的相关陈述，很多纠纷不是单独存在的，案件与案件之间可能存在关联性，调解工作不仅仅是在处理手头上的某一件案子，某一个矛盾，而是需要全面了解当事人之间的各种矛盾，厘清矛盾的脉络，尽可能为当事人全面化解矛盾，减少沟通次数和时间成本，让纠纷双方都能感受到调解的便捷性、及时性和经济性。此外，此案为知识产权合同纠纷案，与大多数知识产权侵权纠纷案不同的是，双方当事人早已相互认识，且在调解之前已对相应纠纷进行过多次沟通而无果，双方对于调解均不抱太大希望，调解员需要将法与情融合在调解过程中，寻找双方的信心缺失点，针对该缺失点提出相应方案，消除对立情绪，理清利益关系，化解矛盾，增加当事人通过调解达到止纷的信心。

四、典型意义

知识产权纠纷调解可安抚双方当事人的激动情绪，及时防止矛盾激化，促进社会的和谐稳定；也可切实地做到“为群众办实事”，减少双方因打官司而起诉、答辩、出庭等多次往返的时间，极大地方便当事人。同时，通过调解中对双方当事人进行政策宣传、法律教育、诚信教育等，提高当事人的法治观念和道德理念，实现助推依法治国、优化营商环境的重要意义。

（本案例由董海媚撰稿）

第 18 问

专利侵权诉讼中产品委托加工方是“生产商”吗？

答 产品上印制有委托方的商标，产品合格证上亦只载明了委托方的信息，仍应认定委托方的身份属于产品生产商。在一般的知识产权侵权案件中，如果被控侵权产品已经在铭牌、合格证等产品标识上明确标注了诸如生产企业名称、商标等能够据以确定制造者身份信息的，则在无充分相反证据的情形下，通常可以认定该对外标注信息的企业即为专利法所界定的被控侵权产品的制造者，如果该产品构成知识产权侵权，则由该厂家承担相应的侵权法律责任。

案例——重视分析研判类案判决，助力寻找突破口

一、纠纷基本情况

赖某多年来专注研究和设计手机支架产品，并于 2017 年分别获得了实用新型以及外观设计专利授权，该专利至今合法有效，上市以来受到广大消费者的喜爱。深圳市某科技有限公司见有利可图，未经赖某许可，擅自生产、销售及许诺销售与原告实用新型、外观设计专利相同的产品，以上事实有专利证书、购买公证书等证据证实。

二、调解过程和结果

广东调委会接受广州知识产权法院委派对该外观设计专利侵权纠纷进行调解，实用新型侵权纠纷则委派另一调解员负责。确定有关事实后，赖某的代理律师向广东调委会提出调解申请，希望一并调解两个侵权案件。广东调委会受理申请后及时联系了法院，并征求深圳某科技有限公司同意。

2020 年 5 月，广东调委会就组织各方当事人进行调解。深圳某科技有限公司原本比较缺乏知识产权意识，对侵权行为没有清楚的认识。调解员非常详尽地向双方介绍了国家关于知识产权保护的相关政策以及知识产权保护的重要性，使双方特别是深圳某科技有限公司了解了国家大力保护知识产权的政策环境和专利技术对企业和行业发展的重要性。经过调解员耐心、细致、真诚的讲解，深圳某科技有限公司表示认可赖某享有专利权，承认销售的产品侵犯了专利权，但认为赔偿数额过高，自己有合法进货来源，希望体谅新冠疫情防控期间企业的困难，降低侵权赔偿数额。

赖某代理律师对该公司产品的合法来源提出疑问，并提出出货和入货的数量存在差异，且包装由谁负责做的，货是供货商一件代发，还是深圳某科技有限公司进货后换成自己包装再发给买家等疑问。该公司答复，产品进货回来后，用以市面买的大小接近的包装盒装起来，然后将货发出的。本案中，被诉侵权产品上载明的生产者信息均指向深圳某科技有限公司，该公司对此亦没有提供证据加以反驳，因此系被诉侵权产品的生产者，不能适用《专利法》第七十七条规定：为生产经营目的使用、许诺销售或者销售不知道是未经专利权人许可而制造并售出的专利侵权产品，能证明该产品合法来源的，不承担赔偿责任。

考虑到新冠疫情防控期间的实际经营情况，在调解员的努力下，外观设计、实用新型两案，原被告双方最终达成调解协议，赔偿 4 万元，赖某代理律师发出撤诉申请书。案件从开始到结案，双方的关系一直保持良好，并希望日后有机会可以通过其他方式进行合作。

三、经验做法

（一）充分沟通，知己知彼，为成功调解打下基础

此案例只是广东调委会调解工作中一个较为典型的案例，但在这其中付出的努力并不简单。在调解过程中，调解员主动和各方当事人进行深入沟通，充分了解各方诉求，倾听各方意见想法，寻找突破口和利益的平衡点，做到知己知彼，为成功调解打下了很好的基础。

（二）重视分析研判，调解有突破，纠纷得到解决

此案调解的突破口在于赔偿的数额，如何制定一个让双方都满意的调解方案，是本案调解成功的关键。本案中，在沟通赔偿数额进入僵局时，调解员及时联系法院，联合相关审判人员协商分析研判，寻找案件的突破点，最终在双方的努力下，引用最新的类似案件的判例结果和法条，使调解双方继续同意调解。

四、典型意义

调解实践中，权利人一般依据侵权产品上标注的商标、厂家等信息确定侵权产品的制造者。本案中深圳某科技有限公司称产品是进货回来后就放到从市面买的大小接近的盒子装起来发出去的，但是包装载明的生产者信息均为深圳某科技有限公司，该公司对此亦没有提供证据加以反驳。通过本案，我们可以进一步延申探讨，调解被诉侵权人能提交相反证据证明侵权产品确系委托第三方制造的案件。这种情况下，应在征求原告意见基础上，进一步核实判断侵权产品技术方案由哪一方提供。如果技术方案系定作人提供，则定作人和承揽人均应认定为侵权产品的制造者；如果技术方案系承揽人自行负责，则承揽人为侵权产品的制造者，定作人并不涉及技术方案的提供问题，也不涉及技术方案的再现，不属于侵权产品的制造者。

（本案例由麦雪华撰稿）

第 19 问

标准必要专利未经许可使用属于侵权吗?

答 标准必要专利（Standard Essential Patent，SEP）是指为实施技术标准而必须使用的专利，即包含在国际标准、国家标准和行业标准中，且在实施标准时必要使用的专利。标准必要专利的专利权与普通专利相同的是，除非获得专利权人的许可，否则不得实施。《专利法》第六十五条规定：“未经专利权人许可，实施其专利，即侵犯其专利权，引起纠纷的，由当事人协商解决；不愿协商或者协商不成的，专利权人或者利害关系人可以向人民法院起诉，也可以请求管理专利工作的部门处理。”与普通专利不同的是，为了促进标准的广泛实施，标准制定组织的知识产权政策往往要求作为其成员的专利权人承诺根据公平合理无歧视（Fair，Reasonable And Non-Discriminatory，FRAND）原则向实施人授予许可。

案例——围绕FRAND原则找到双方纠纷解决和合作可能

一、纠纷基本情况

深圳某知名通信设备上市公司T公司向中国（深圳）知识产权保护中心（以下简称深圳保护中心）投诉，称深圳X公司未经允许使用其在通信领域所持有的标准必要专利。据T公司反映，自2016年起T公司通过电话、邮寄律师函等方式试图与深圳X公司沟通并达成合作，但均未获实质进展。而后，T公司提出通过深圳保护中心搭建平台，以非诉讼途径化解纠纷。经沟通，双方当事人同意深圳保护中心人民调解委员会参与纠纷处理。最终双方达成一揽子和解协议，这标志着双方的标准必要专利纠纷得以成功化解。

二、调解过程和结果

（一）分析关键信息，确定处理方案

调解员第一时间对涉案标准必要专利的权利现状进行了检索，对涉案专利是否属于 SEP、权利是否有效、对比表是否完整，以及权利人的前期沟通是否符合 FRAND 原则等问题进行了初步分析。同时，分别与 T 公司和深圳 X 公司的知识产权负责人和技术研发人员进行沟通，了解纠纷产生的具体经过，梳理和明确争议焦点。

根据案件分析结果和沟通中获取的关键信息，调解员提出将纠纷分为两个阶段处理：一是纠纷调解阶段，二是谈判许可阶段。纠纷调解阶段主要保障双方能畅通地交换意见；谈判许可阶段则帮助双方明确合作方式，实现纠纷化解。

（二）预估考量要素，推动纠纷调解

调解员以预估裁判考量要素为工作切入点，结合证据材料，多次就双方关注的问题给出了意见，具体如下：

（1）针对此前深圳 X 公司消极处理纠纷的实际情况，调解员结合类案解读对深圳 X 公司释明，以现状进入司法渠道将对其不利。

（2）T公司已提供SEP包供深圳X公司排筛，同时发送对比表等其他内容。调解员结合行业惯例，判断T公司此举系表示其具备主动谈判的意愿，遂告知深圳X公司一味拖延不利于纠纷处理。

（3）深圳X公司认为行业内侵权主体较多，使用的技术方案属于行业公知技术，且有抗辩理由。调解员向其普及了知识产权相关法律法规，围绕合法来源和权利用尽的适用范围和保护逻辑，建议深圳X公司关注自身纠纷，从技术澄清入手，逐步与T公司寻找利益契合点，共同商讨解决方案。

在充分考虑调解员提供的上述意见后，深圳X公司基本认可使用T公司的SEP，并同意就合作模式做进一步磋商。

（三）专业助力谈判，实现多方共赢

深圳X公司出于业内竞争顾虑，坚持避免使用“许可费”概念，以强势态度表示仅可进行“专项”合作，以实现规范使用SEP之目的。谈判许可阶段，调解员主要的沟通对象转为T公司。主要针对以下问题给出意见：

（1）关于T公司提出溯及两年的超高额的侵权赔偿数额。调解员根据纠纷处理现状，建议T公司重新核定涉案数额，以有利于纠纷处理的合理涉案数额作为谈判基础；建议深圳X公司以适当可比协议为参考，同T公司重新确定费率；建议双方以“海关两年的出货量”等官方数据为主要参

考依据，尽最大努力，最大限度地弥合双方心理预期鸿沟。

（2）关于深圳 X 公司提出以双方后续达成合作为谈判目的进行磋商，回避以 SEP 许可为谈判事由的问题。调解员建议 T 公司以纠纷处理的实质需求为关注点，刺破双方以 SEP 纠纷为起始点的业务面纱，达成规范运用知识产权的核心目标。

经过调解员组织的 4 次面对面沟通，5 次背靠背交流，围绕以上争议点，双方充分交换了意见。对于双方提出的合理意见，调解员结合实际情况，从情、法、理多角度逐一进行了解释；对于不合理的部分，调解员围绕 FRAND 原则，规劝双方重新评估可行性。

最终，在各方的不懈努力下，T 公司和深圳 X 公司就涉案标准必要专利纠纷以及后续合作等达成一揽子和解保密协议。赔偿数额由 T 公司最初提出的数额大幅度下降，并约定分多期付清。这极大地降低了深圳 X 公司的经营压力，也意味着经营主体应保有的社会责任受到了一定程度的重视。在规范知识产权运用的同时，双方真正实现了共赢。

三、经验做法

一是坚持中立定位，提升专业能力。在纠纷处理的过程中，常常会同时涉及技术方案和法律适用。深圳保护中心在保证中立性地位的同时，不断提高业务人员的专业性；及时学习行政司法机关的典型案例、指导案例和公报案例；了解专利包和专利池、侵权认定和许可谈判等交叉融合的综合性知识产权法律事务。

二是介入商业思维，提高谈判技巧。在处理纠纷的过程中，保持中立原则与商业谈判逻辑存在一定矛盾。为切实推动谈判顺利进行，调解方需要在其中进行取舍，找到平衡点以推进纠纷谈判。

发起知识产权维权是市场主体竞争策略的一部分，纠纷归根结底是利益分配的表现形式。在协调过程中，调解方可尝试以企业经营者的思维去定位纠纷的本质，思考纠纷发展的方向，从而为双方提供更加符合市场主体定位的解决参考方案。

三是依据实际情况，调整引导思路。纠纷处理过程中，调解方要时刻围绕双方当事人的实际情况去梳理问题和争议点，探究双方借纠纷之由欲达到的真实目的。在提出解决参考方案时，对双方妥协的“容忍度”要有所预判，从而调整谈判节奏，揣度双方心理，逐步弥合心理预期鸿沟。

调解员应不断探索双方的“底线”，用专业方法去引导双方达成共识。

四是突破固有思维，解决调解难点。在处理复杂纠纷的实际过程中，建议调解员不以侵权判定为主要关注点。应在中立性评估的基础上，以规范知识产权运用为出发点，促使双方着眼于解决根本问题。真正理解多元化解纠纷的价值，做到知行合一。

五是明确工作目标，实现多方共赢。在知识产权保护工作中，行政机关与司法机关的定位不同，深圳保护中心作为行政机关的智库需与行政机关目标一致。在解决纠纷时不宜以惩处为主要目标，而应考虑企业主体在解决就业、增加税收、推动创新方面所起到的社会作用，以“在规范运用知识产权的前提下实现多方共赢”为最终目标。

四、典型意义

本案系全市首例成功调处的标准必要专利纠纷，也是深圳保护中心知识产权“一站式”协同保护平台运行以来成功调处的第一例此类纠纷。深圳保护中心在此案中充分展示了公益性、专业性，业务水平获当事人高度认可。同时，此案的成功调处充分体现了知识产权“一站式”协同保护平台在汇集知识产权资源、为企业提供综合“一站式”高效化解矛盾纠纷中的巨大优势。

（本案例由潘昭成、胡子文撰稿）

第 20 问

网上使用他人美术作品能否逃避侵权责任？

答 依据《著作权法》第五十二条规定，侵犯著作权以及与著作权有关的权利的行为，应当根据情况，承担停止侵害、消除影响、赔礼道歉、赔偿损失等民事责任。权利人的美术作品受著作权法保护，虽然仅是一张图片，涉及的金额案值小，但未经权利人许可，在网络公开状态下使用，权利人仍可以通过多种低成本维权方式“寻找到”无视知识产权的人，维护权利人合法权益。

案例——山重水复疑无路，柳暗花明又一“案”

一、纠纷基本情况

原告为福建省晋江市窗户贴膜商用版图（牡丹花）美术作品的著作权人，作品设计原图底稿清晰，显示设计过程和步骤。经原告调查发现，阳江市有3家电商店铺在平台上直接销售和原告著作权一致的产品，侵害原告著作权的复制权、发行权、展览权、信息网络传播权等权利，并已通过杭州互联网公证处对被告店铺涉案产品宣传页进行数据保全。

关于原告起诉的著作权案件，因案情简单，财产争议标的额较小，为避免司法资源的浪费，原告自愿申请诉前调解方式解决纠纷，请求3个案件被告停止侵权行为，停止销售侵害著作权的产品，每家店铺赔偿原告经济损失和维权费用各1万元。江城区人民法院委托阳江市知识产权纠纷人民调解委员会（以下简称阳江调委会）进行诉前调解。

二、调解过程和结果

阳江调委会收到法院诉前联调工作室案件材料后，安排一位调解员同时负责该批案件，调解员通过电话与3个案件被告进行沟通，并初步掌握了3个案件的案情：案件一被告的主要问题是知识产权保护意识淡薄，调解员通过明法析理的方法引导当事人明白自身行为的法律后果，结果被告一出现“鸵鸟效应”，遇到侵权问题不是面对，而是选择无视，直接挂断电话，之后一直选择不接听电话；案件二被告初步同意调解，但认为该美术图片各大平台很多店铺都在使用，自己只是放了一些图片，赔偿1万元金额太高了，只接受赔偿1000元；案件三被告一直联系不上，通过电话和邮件均无法取得任何联系。

调解员将3个案件的初步情况与原告进行沟通，原告表示自己在省外异地，案情简单，财产争议标的额较小，为节约维权成本，才愿意选择申请诉前调解方式解决纠纷，现如今仅有1个案件接受调解，赔偿金额达不到自己满意的结果，那么所有案件只能走诉讼程序了。调解员结合阳江市类案分析，向其进行详细、耐心的释明，根据著作权法关于赔偿金额的计算方式和本案具体情况，认为案件二被告1000元赔偿金额符合判赔标准，希望其同意调解方案。原告表达其调解底线，其希望3个案件能够有2000元以上赔偿金额，之所以愿意接受赔偿金额少一些，是希望能够高效调解结案，否则异地维权成本太高。

在与各方第一轮沟通后，所有案件似乎没有一丝进展，面对各方最新的调解方案，调解员有种“山重水复疑无路”的困惑。但阳江调委会及时调整思路，反复研究案宗材料，希望案件一和案件三能够取得突破。最后，在调解员不懈的努力下发现，案件二和案件三被告居住地址是在同一小区，带着尝试的心情拨通被告二的电话，发现原来他们居然是好友，最让调解员惊喜的是，案件二被告和案件一被告竟然是高中同学，平日里都有互通往来。调解员随即提出最优调解方案，希望该3个案件以2000元全部调解结案，并邀请案件二被告给予帮助和支持，重点突破案件一被告，在征求各方当事人的同意后，最终达成一致，三个被告均摊2000元的赔偿金，共同完成调解。

三、经验做法

本案例中，调解员尝试采用明法析理、类案分析、多方协助等多种多样的方式方法与各方当事人进行沟通，高效地共同完成调解。面对当事人知识产权保护意识淡薄的情况，调解员通过专业的知识和浅显的语言解释法律；面对案件不合理诉求，调解员通过类案分析，结合本案实情，调解方案有理有据；调解进入“死胡同”后，调解员通过多方协助、借助外力巧妙化解各方纠纷。案件采用“一站式”调解方式有利于彻底解决纠纷，当事人自愿履行率也更高；案件以当事人合意为基础“整体性”调解，调解达成后较少产生后续的司法成本。

四、典型意义

调解的方式方法有很多，但最重要的是调解员的坚持与毅力。看似山重水复疑无路，实则柳暗花明又一“案”，调解过程困难重重，一旦寻找到突破口，各种难题迎刃而解，案件可得到整体性和彻底性调解。

本案例充分体现人民调解工作的简捷、及时和经济的优势，以案例材料最初的诉求开始着手，在沟通和调解的过程中，不断灵活优化调解方案，通过多方协助，积极促成各方当事人达成和解。通过“整体性”调解，依托调委会“一站式”服务，进一步凸显出调解的“专业强、效率高、成本低”优势。

（本案例由黄建伟撰稿）